Patientenrecht Zweitmeinung

Volker Nürnberg • Marie-Theres Meier

Patientenrecht Zweitmeinung

Einfach und verständlich erklärt

Volker Nürnberg
BDO
Frankfurt, Deutschland

Marie-Theres Meier
Technische Universität München
Passau, Deutschland

ISBN 978-3-658-14425-8   ISBN 978-3-658-14426-5 (eBook)
https://doi.org/10.1007/978-3-658-14426-5

Die Deutsche Nationalbibliothek verzeichnet diese Publikation in der Deutschen Nationalbibliografie; detaillierte bibliografische Daten sind im Internet über http://dnb.d-nb.de abrufbar.

Springer
© Springer Fachmedien Wiesbaden GmbH, ein Teil von Springer Nature 2021

Lektorat: Margit Schlomski
Springer ist ein Imprint der eingetragenen Gesellschaft Springer Fachmedien Wiesbaden GmbH und ist ein Teil von Springer Nature.
Die Anschrift der Gesellschaft ist: Abraham-Lincoln-Str. 46, 65189 Wiesbaden, Germany

Vorwort

Dr. med. Heinz-Wilhelm Esser, im Kollegium auch als „Hewi" bekannt, ist Oberarzt für Innere Medizin und Leiter der Pneumologie am Klinikum Remscheid. Außerdem trägt er die Zusatzbezeichnung „Notfallmediziner". Im Fernsehen ist er regelmäßig mit seiner Sendung „Doc-Esser – Der Gesundheits-Check" beim Westdeutschen Rundfunk zu sehen. Im WDR-Podcast klärt er wöchentlich Fragen zum Coronavirus. Der „Doc" ist also ein echter Allrounder.

In seiner beruflichen Karriere hat auch die „Ärztliche Zweitmeinung" einen hohen Stellenwert, wie Herr Esser im Folgenden erklärt:

Immer wieder erlebe ich es in meiner Arbeit als behandelnder Arzt, dass ich Patienten mit Diagnosen konfrontieren muss, die einen drastischen Einschnitt in ihr bisheriges Leben bedeuten. Angefangen bei Lebensstiländerungen mit Verzicht auf liebgewonnene, aber der Gesundheit nicht förderliche Gewohnheiten, wie Rauchen, Alkoholgenuss und übermäßige Ernährung, über medikamentöse Therapien mit all den Nebenwirkungen – teilweise ein Leben lang – bis hin zu Operationen mit all ihren Komplikationen.

Dabei stelle ich immer wieder fest, dass viele Patienten in diesen Gesprächen eine sehr passive Rolle einnehmen, vergleichbar mit dem geschockten Reh im Scheinwerferlicht eines Autos. Gesellt sich dazu noch eine „falsche" Ansprache des Patienten, gehen leider oft Informationen verloren, oder aber es kommt zu einer Verunsicherung des Patienten, da er sich „überfahren" oder bevormundet fühlt, was wiederum zu einer Beeinträchtigung des Arzt-Patienten-Verhältnisses führt.

So wird eine Incompliance gefördert, die natürlich alles andere als zielführend für eine schnelle Gesundung oder zumindest eine Stabilisierung der Erkrankung ist.

Eine zweite Meinung durch einen ärztlichen Kollegen kann hier die initiale Diagnose oder Indikation zu medizinischen Maßnahmen bestätigen und damit auch den Patienten in seiner Entscheidung unterstützen und sichern.

Aber die Zweitmeinung ist nicht nur ein wesentliches Element zur Sicherung der medizinischen Versorgungsqualität, indem die Diagnose sowie der geplante Eingriff von einem unabhängigen Spezialisten geprüft werden. Sie wird auch zur Reduktion einer möglichen Indikationsausweitung eingesetzt.

Im Sinne sowohl des Patienten als auch der Wirtschaftlichkeit des Gesundheitswesens sollen ärztliche Zweitmeinungen unnötige Eingriffe vermeiden.

Vereinzelt bieten mittlerweile Träger von Krankenhäusern von sich aus die Vermittlung zu einer zweiten, unabhängigen Meinung an, was ich extrem positiv sehe.

Dennoch ergeben sich noch viele Fragen rund um die zweite Meinung und die Auswirkungen auf das Arzt-Patienten-Verhältnis, die aber durch meinen lieben Freund Prof. Nürnberg sowie seine Co-Autorin Marie-Theres Meier auf den folgenden Seiten unter Sicht verschiedener Perspektiven sowie praxisnaher Beleuchtung der Ziele der ärztlichen Zweitmeinung geklärt werden.

Viel Freude wünscht der Doc!

Dem können wir als Autoren nichts mehr hinzufügen als: Nutzen Sie die Möglichkeiten einer Zweitmeinung, wenn Sie bezüglich bestimmter Therapie- und Behandlungsansätze mehr Gewissheit haben möchten.

München, Deutschland   Volker Nürnberg
Mai 2021   Marie-Theres Meier

Inhaltsverzeichnis

Abkürzungsverzeichnis

Abb.	Abbildung
AOK	Allgemeine Ortskrankenkasse
BMG	Bundesministerium für Gesundheit
bzw.	beziehungsweise
CCC	Comprehensive Cancer Center
DAK	Deutsche Angestellten-Krankenkasse
d. h.	das heißt
Dr.	Doktor
DRG	Diagnosis Related Groups
DWG	Deutsche Wirbelsäulengesellschaft
G-BA	Gemeinsamer Bundesausschuss
ggf.	gegebenenfalls
GKV	gesetzliche Krankenversicherung
HNO	Hals-Nasen-Ohren
i. d. R.	in der Regel
IMC	Integrative Managed Care
IQTiG	Institut für Qualitätssicherung und Transparenz im Gesundheitswesen
IQWiG	Institut für Qualität und Wirtschaftlichkeit im Gesundheitswesen
IVR	Integrierter Versorgungs-Vertrag Rückenschmerz
Kap.	Kapitel
KBV	Kassenärztliche Bundesvereinigung
KV	Krankenversicherung

KVB   Kassenärztliche Vereinigung Bayern
KZBV   Kassenzahnärztliche Bundesvereinigung
MRT   Magnetresonanztomografie
NHN   Norddeutsches Herznetz
OP   Operation
PKV   private Krankenversicherung
Prof.   Professor
SDM   Shared Decision Making
SGB   Sozialgesetzbuch
sog.   sogenannt
u. a.   unter anderem
USA   United States of America
u. v. m. und vieles mehr
v. a.   vor allem
vdek   Verband der Ersatzkassen
VSG   Versorgungsstärkungsgesetz
z. B.   zum Beispiel

1

Einleitung

Fallbeispiel

Frau Müller (60 Jahre) hat schon seit mehreren Monaten leichte Schmerzen in der Hüfte. In den vergangenen Wochen sind diese aber immer häufiger und intensiver aufgetreten. Besonders bei der Gartenarbeit, beim Treppensteigen oder bei längerem Sitzen spürt sie die Schmerzen in der Hüfte. Letztendlich beschließt die 60-Jährige, sich bei ihrem Hausarzt untersuchen zu lassen. Dieser stellt eine beidseitige leichte Schwellung der Hüftgelenke fest und schickt sie mit Verdacht auf eine Hüftgelenksarthrose zum Orthopäden. Nachdem der Orthopäde ein Röntgenbild sowie weitere Untersuchungen des Kniegelenks veranlasst hat, stellt er die Diagnose einer „primären Coxarthrose" (Arthrose ohne genaue Ursache). Im anschließenden Gespräch mit Frau Müller empfiehlt der Orthopäde schließlich eine Hüft-Totalendoprothese, also den Einsatz eines künstlichen Hüftgelenks, da die Arthrose schon im vorangeschrittenen Stadium sei. Frau Müller fühlt sich überfordert. Ihre Hüftschmerzen sind doch nicht so schlimm, dass sie jetzt schon ein künstliches Hüftgelenk braucht. Kann sie dem Orthopäden vertrauen oder sollte Frau Müller doch eine zweite Meinung einholen?

© Der/die Autor(en), exklusiv lizenziert durch Springer Fachmedien Wiesbaden GmbH, ein Teil von Springer Nature 2021
V. Nürnberg, M.-T. Meier, *Patientenrecht Zweitmeinung*,
https://doi.org/10.1007/978-3-658-14426-5_1

Kennen Sie diese oder eine ähnliche Situation? Wenn ja, sind Sie nicht alleine. Das Vertrauen der Patienten[1] in ihre Ärzte ist zwar groß, lebensverändernde Diagnosen oder komplexe Operationen können jedoch eine große Unsicherheit der Patienten bezüglich ihrer Therapie hervorrufen. Fragen zu alternativen und besseren Behandlungsmethoden oder der generellen Notwendigkeit des Eingriffes stehen dabei im Fokus. Eine ärztliche Zweitmeinung kann eine wesentliche Hilfestellung anbieten, um Operationen, die nicht erforderlich sind, von einem Zweitmeiner überprüfen zu lassen und somit „auf Nummer sicher zu gehen". Oftmals können alternative Therapien gefunden werden, die beispielsweise eine Operation umgehen können und einen höheren Therapieerfolg garantieren. Neben orthopädischen Diagnosen an Hüfte, Knie oder Rücken sind es auch die schwerwiegenden Erkrankungen z. B. onkologischer, psychischer, kardiologischer oder intensivmedizinischer Art, bei denen Erkrankte bzw. Angehörige von einer ärztlichen Zweitmeinung profitieren können.

In vielen ausländischen Gesundheitssystemen ist es gängige Praxis, vor bestimmten Leistungen (z. B. Operationen) eine ärztliche Zweitmeinung einzuholen. Bereits 1972 wurden in New York Mitglieder unterschiedlicher Krankenversicherungen dazu angehalten, sich bei bestimmten Operationsindikationen, welche auffällig häufig und mit großen regionalen Unterschieden durchgeführt wurden, einer zweiten ärztlichen Begutachtung zu unterziehen. Nach wie vor sind in den USA Zweitmeinungen vor größeren operativen Eingriffen vorgeschrieben. Mit Erfolg: Die Zahlen der Operationen reduzierten sich. Die Studienergebnisse zum Zweitmeinungsverfahren der USA überzeugten letztendlich andere Länder, ein solches System einzuführen.

Auch Deutschland reagierte auf die steigende Anzahl von nicht notwendigen und möglicherweise kommerziell motivierten Operationen. Mit dem Recht auf ärztliche Zweitmeinung, das 2015 im Rahmen des Versorgungsstärkungsgesetzes festgelegt wurde, sollten Versicherte der GKV hierzulande bei bestimmten Indikationen einen Rechtsanspruch auf eine Zweitmeinung haben. Zu unterscheiden ist hier zwischen der

---

[1] Aus Gründen der besseren Lesbarkeit wird nur die männliche Form verwendet, die weibliche Form ist dabei jeweils miteingeschlossen.

originären Einholung einer Zweitmeinung, die jedem Patienten im Rahmen der freien Arztwahl (auf eigene Kosten) zusteht, und dem Recht in § 27b SGB V, das gesetzlich Versicherten unter bestimmten Voraussetzungen einen Rechtsanspruch auf eine ärztliche Zweitmeinung und deren Kostenübernahme durch die gesetzliche Krankenversicherung zugesteht.

In den nachfolgenden Kapiteln werden dieses Recht auf Zweitmeinung, die Beweggründe für dessen Einführung sowie weitere nützliche Informationen rund um das Zweitmeinungsverfahren ausführlich dargelegt. Ab wann ist eine Zweitmeinung sinnvoll? Welche Möglichkeiten habe ich zur Einholung einer Zweitmeinung? Was muss ich beachten? Welche Aufgaben hat mein behandelnder Arzt bzw. der zweitmeinungsgebende Arzt? Welche Kosten übernimmt die GKV bzw. die PKV? All diese Fragen werden in den nachfolgenden Kapiteln geklärt und mit einer Checkliste für ein gelingendes Zweitmeinungsgespräch sowie weiteren hilfreichen Links für die Patientenberatung vervollständigt.

2

Die Hintergründe der ärztlichen Zweitmeinung

2.1 Deutschland als OP-Weltmeister

Durch die steigende Zahl an sog. „mengenanfälligen" Operationen rückt die ärztliche Zweitmeinung immer mehr in den Fokus der Patienten. Aber was bedeutet „mengenanfällig"?

Mengenanfällig: Das ist eine nette Umschreibung des Gesetzgebers für die operativen Eingriffe, die in den letzten Jahren rasant gestiegen sind. Für die Krankenhäuser sind diese Eingriffe finanziell besonders lohnenswert. Nehmen wir als Beispiele die Implantation einer Hüftgelenks-Totalendoprothese, also den Einsatz eines künstlichen Hüftgelenks, und den Einsatz künstlicher Kniegelenke. Das Krankenhaus bekommt für eine endoprothetische Primärversorgung des Kniegelenks zwischen 6000 € und 15.000 € (je nach Art des Gelenkersatzes und je nachdem, ob einseitig oder beidseitig). Das hört sich doch schon mal nach viel Geld an.

Kurz zum Verständnis: In kaum einem anderen Land werden mehr gelenkersetzende Operationen durchgeführt als in Deutschland. 2019 wurden hierzulande 17 Millionen operative Eingriffe durchgeführt. Wirbelsäulen-, Kniegelenk- sowie Hüftgelenkoperationen stehen dabei hoch im Kurs. Im Jahr 2017 setzten deutsche Kliniken 309.000 künst-

© Der/die Autor(en), exklusiv lizenziert durch Springer Fachmedien Wiesbaden GmbH, ein Teil von Springer Nature 2021
V. Nürnberg, M.-T. Meier, *Patientenrecht Zweitmeinung*,
https://doi.org/10.1007/978-3-658-14426-5_2

liche Hüftgelenke ein – Tendenz steigend (siehe Abb. 2.1). Damit sind sie internationaler Spitzenreiter: In den OECD-Ländern bekommen im Durchschnitt 154 Patienten ein künstliches Hüftgelenk. Beim Einsatz von Kniegelenken ist ebenso ein rasanter Anstieg zu beobachten. Ist das alles nur ein Zufall?

Ähnlich fällt die Statistik zu den Herzkatheteruntersuchungen aus. In Deutschland werden diese im Schnitt dreimal häufiger durchgeführt als in anderen Ländern. Im Jahr 2013 waren es über 885.000 – in 342.000 Fällen wurde dabei auch ein Stent implantiert. Kritische Stimmen sagen, es werde zu viel kathetert.

In jedem Fall ist klar, dass die Bevölkerung älter wird und der medizinische Fortschritt immer schneller vorangeht. Die Patienten wollen möglichst lange ihre Gesundheit erhalten und gehen dafür das Risiko einer Operation ein. Laut dem Krankenhausreport 2013 decken der medizinische Fortschritt und der demografische Wandel jedoch nur ein Drittel der Zunahme der Operationen. Zwei Drittel sind medizinisch nicht erklärbar. Sie fragen sich vielleicht, aus welchen Gründen diese Operationen durchgeführt werden? – Eigentlich ganz logisch!

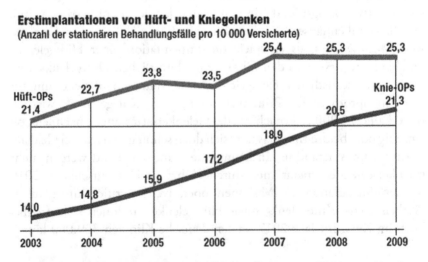

Erstimplantationen von Hüft- und Kniegelenken
(Anzahl der stationären Behandlungsfälle pro 10 000 Versicherte)

Abb. 2.1 Immer mehr künstliche Gelenke. (Quelle: Barmer GEK Report Krankenhaus 2010)

2.2 Money, Money, Money

Sehen Sie sich erneut die Abb. 2.1 an. Vielleicht fragen Sie sich, warum die Kurve ausgerechnet im Jahr 2003 so rasant steigt? Es gibt eine gute Erklärung dafür!

Schuld daran ist das Fallpauschalensystem bzw. das DRG-System (Diagnosis Related Groups), das interessanterweise 2003 (siehe Abb. 2.1) eingeführt wurde. Für alle medizinischen Leistungen werden pauschale Beträge festgelegt. Die Diagnosen kann das Krankenhaus bei der Krankenkasse abrechnen. Es wird dabei je nach Erkrankung und Behandlung immer der gleiche Betrag von der Krankenkasse ausgezahlt. Grundsätzlich gilt: Je höher der Aufwand, desto mehr Geld gibt es. Aktionismus wird also belohnt. Durch den ökonomischen Druck sind die Ärzte dazu angehalten, das wirtschaftliche Unternehmen „Krankenhaus" gewinnbringend zu gestalten. Das Abwarten und Nachdenken über die richtige Therapie würde zu viel Zeit in Anspruch nehmen und zudem wäre es nicht gewinnbringend genug. Ein Dilemma. Gemäß dem Sprichwort „Zeit ist Geld" wird die Verweildauer des Patienten in der Klinik gekürzt und darauf geachtet, so viele Patienten wie nur möglich stationär zu behandeln. Oftmals werden die Bedürfnisse und Wünsche der Patienten dabei völlig vernachlässigt. Die sog. „Mindestmengen" verstärken den Effekt. Denn Kliniken müssen bestimmte Mindestmengen an Operationen erreichen. Wenn diese Anzahl nicht erreicht wird, kann die Operation nicht mehr bei den gesetzlichen Krankenkassen abgerechnet werden. Hinzu kommen Zielvereinbarungen und Boni. Die Chefärzte haben dazu in den Verträgen mit ihren Arbeitgebern verschiedene Klauseln stehen. Letztendlich geht es um ein finanzielles „Zuckerl", mit dem die Ärzte für die Durchführung vieler Operationen belohnt werden. Sie sehen, es gibt v. a. finanzielle Gründe, die den Anstieg der Operationen erklären könnten.

Dabei sollte eine Operation nur dann notwendig werden, wenn konservative Maßnahmen nicht mehr den gewünschten Erfolg versprechen. Schließlich ist keine Operation frei von Risiken. Ob Operationen dem Patienten einen nachhaltigen Nutzen bringen, ist dabei nicht immer klar.

Konservative, also nichtoperative Therapien können u. a. durch Physio- oder Bewegungstherapie sowie die begleitende Einnahme von Medikamenten erfolgen. Eine solche Therapie kann v. a. bei Erkrankungen am Bewegungsapparat wahre Wunder bewirken und eine Operation ersetzbar machen. Doch genau hier liegt das Problem: Operationen werden von den Krankenkassen besser bezahlt als konservative Therapien. Darüber hinaus begrenzen die Krankenkassen ihre Ausgaben für physiotherapeutische Maßnahmen. Grund genug, um als Arzt die Indikation für eine Operation zu stellen. Der Gesetzgeber musste handeln.

Der Gemeinsame Bundesausschuss hat hierzu im Auftrag des Gesetzgebers Richtlinien zum Zweitmeinungsverfahren erstellt, die 2017 in Kraft getreten sind. Generell wird in den Richtlinien zwischen dem indikationsstellenden Arzt, also dem erstbehandelnden Arzt, der die Diagnose stellt und Empfehlungen für die Therapie bzw. eine Operation ausspricht, und dem zweitmeinungsgebenden Arzt unterschieden. Der Zweitmeiner beurteilt lediglich die Diagnose bzw. bestätigt die Therapieempfehlung des ersten Arztes oder zeigt alternative Behandlungsoptionen auf. Wichtig ist, dass er dies unabhängig tut und den geplanten Eingriff bzw. die Therapie nicht selbst durchführen darf. Die Eingriffe, bei denen ein Recht auf ärztliche Zweitmeinung besteht und bei denen die Kosten der ärztlichen Zweitmeinung von der gesetzlichen Krankenkasse übernommen werden müssen, sind folgende:

- Eingriff an Gaumen- oder Rachenmandeln (Tonsillektomie, Tonsillotomie)
- Gebärmutterentfernung (Hysterektomie)
- Gelenkspiegelungen an der Schulter (Schulterarthroskopie)
- Zukünftig: Amputation beim Diabetischen Fußsyndrom

2.3 Die Zahlen hinter den „mengenanfälligen Eingriffen"

Um zu verstehen, weshalb diese Eingriffe (Mandel-OP, Gebärmutterentfernungen, Schulterarthroskopien, Amputation beim Diabetischen Fußsyndrom) ein gesetzlich festgelegtes Recht auf Zweitmeinung begründen, ist ein Blick auf die statistischen Zahlen nötig.

Die Häufigkeit der Gaumenmandelentfernungen ist besonders durch stationäre Angebotsstrukturen geprägt. In Regionen, in denen keine HNO-Fachabteilung existiert, ist die Tonsillektomiehäufigkeit mit Abstand am niedrigsten. Sobald der Versorgungsanteil der Belegabteilungen hoch ist, z. B. wenn große HNO-Fachabteilungen in der Region vorhanden sind, ist auch die Tonsillektomiehäufigkeit höher. Nach einer Studie der Bertelsmann Stiftung werden im Landkreis Sonneberg in Thüringen beispielsweise 14-mal pro Jahr Kinder an den Mandeln operiert. Im 120 km entfernten Schweinfurt sind es hingegen achtmal mehr Kinder pro Jahr. Auf Basis der Studie hat man herausgefunden, dass Patienten, die in der Nähe einer Klinik mit Schwerpunkt Hals-Nase-Ohren (HNO) leben, mit einer höheren Wahrscheinlichkeit einer Mandeloperation konfrontiert sind. Einen weiteren Grund für die regionalen Unterschiede könnte die Indikationsstellung zur Tonsillektomie aufgrund der Diagnose „chronische Tonsillitis" darstellen. Denn für diese Diagnose lagen bis 2016 keine Empfehlungen bzw. Leitlinien seitens der HNO-Fachgesellschaft vor. Infolgedessen bewerteten die Ärzte das Krankheitsbild, den Rezidivstatus sowie die infrage kommenden Therapien sehr unterschiedlich. Besonders die Diagnose der „Hyperplasie der Gaumenmandeln", die zur Tonsillektomie führt, bestätigt die regionalen Unregelmäßigkeiten. So gab es in einigen Kreisen Deutschlands im Zeitraum von 2007 bis 2010 mehr als 58-mal höhere OP-Zahlen als in anderen Kreisen.

Betrachtet man die Zahlen der Gebärmutterentfernungen, lassen sich ebenso deutliche regionale Unterschiede erkennen. Die Hysterektomie gehört in Deutschland nach dem Kaiserschnitt zu den häufigsten operativen Eingriffen in der Gynäkologie. Hier stellen v. a. Myome, also gutartige Wucherungen in der Muskelschicht der Gebärmutter, in 75 % der

Fälle die Indikation zur Hysterektomie. Die Anzahl der Operationen hat sich zwar in den letzten Jahren reduziert, die regionalen Variationen haben sich jedoch nicht verringert. Die Zahl der OP-Häufigkeiten bewegte sich von 2010 bis 2012 zwischen 18 und 61 Operationen je 10.000 Frauen. Dabei wurde in den Kreisen, in denen am häufigsten operiert wurde, dreimal häufiger der Eingriff durchgeführt als in Kreisen mit der geringsten OP-Häufigkeit. Die regionalen Unterschiede bei der Hysterektomie erfolgte teilweise ohne ausreichende Indikationsstellung. 2016 wurde auch hier eine Leitlinie für „Hysterektomie, Indikation und Methodik" veröffentlicht, welche die Anzahl der Eingriffe weiter sinken lässt. Die rückläufige Gesamtzahl der Hysterektomien und der OP-Häufigkeit könnte darauf hinweisen, dass die Indikationsstellung aufgrund der Leitlinien kritischer erfolgt. Neue und v. a. konservative Therapien rücken dabei immer mehr in den Vordergrund und erfolgen zwischenzeitlich flächendeckend.

Interessant ist, dass die Häufigkeit der Eingriffe in den verschiedenen Bildungsgruppen variiert. Je höher das Bildungsniveau ist, desto niedriger fällt die Zahl der Gebärmutterentfernungen aus. Ausschlaggebend könnten diesbezüglich eine bessere Gesundheitsversorgung, eine höhere Inanspruchnahme von Früherkennungsuntersuchungen, größeres Wissen über unterschiedliche Therapieoptionen und größere Bereitschaft zur Aufklärung durch die Ärzte sein. Besonders bei gutartigen Gebärmuttererkrankungen stehen unterschiedliche Therapieoptionen zur Verfügung. Die Hysterektomie ist jedoch ein Eingriff, der mit einem breiten Spektrum an Komplikationen verbunden sein kann und der immer zur Fortpflanzungsunfähigkeit führt. Somit ist der Eingriff als kritisch zu betrachten.

Die Schulterarthroskopie weist ebenso ein breites Indikationsspektrum auf. Diese Operationen können größtenteils ambulant durchgeführt werden. In erster Linie stellen sie zwar für das Gesundheitssystem eine Kostenersparnis dar. Doch vereint mit dem technischen Fortschritt, der immer weniger invasiven operativen Medizin, steigt die Tendenz zu ambulanten Operationen. Oftmals ist ein sogenanntes Engpasssyndrom, auch als Impingement-Syndrom bekannt, die Ursache für Schulterschmerzen. 2017 wurden 92.000 Patienten mit Schulterschmerzen aufgrund des Impingement-Syndroms operiert, die Zahl hatte in den Jahren zuvor stetig zugenommen. Auffällig ist, dass es keine einheitliche Leitlinie zur Indikationsstellung gibt. Eine große Studie zum Impingement-Syndrom ergab, dass mit einer gezielten konservativen Therapie häufig auf einen operativen Eingriff verzichtet werden kann. Deutsche Fachgesellschaften und Berufsverbände kritisieren jedoch, dass die Untersuchung auch Probanden einschließe, deren Schmerzen nicht von einem mechanischen Engpasssyndrom hervorgehen. Diese hätten bei der Studie ausgeschlossen werden müssen, um verlässliche Ergebnisse zu bekommen. Dessen ungeachtet sollten Operationen an der Schulter hinterfragt und mit den Vorteilen einer konservativen Therapie verglichen werden.

Die Regelung für das Diabetische Fußsyndrom ist zwar bis dato (August 2020) noch nicht in Kraft getreten, wird jedoch laut G-BA zukünftig den Richtlinien hinzugefügt. Die Erkrankung ist durch eine schlecht heilende Wunde am Fuß gekennzeichnet, die im späteren Stadium bis auf die Ebene der Knochen reichen kann. Oftmals wird hier schon im früheren Stadium operiert. Grundsätzlich lässt sich zwischen einer Minoramputation, einer Amputation an der unteren Extremität bis unterhalb der Knöchelregion, und einer Majoramputation, einer Amputation oberhalb der Knöchelregion, unterscheiden. Zu den alternativen Vorgehensweisen gehören die chirurgische Reinigung der Wunde, die Druckentlastung, die Behandlung von Infektionen und die Durchblutungsförderung. Bei der Indikationsstellung gibt es erhebliche regionale Unterschiede im Hinblick auf die Majoramputationen. In Hamburg wurden beispielsweise im Jahr 2011 9,6 von 100.000 Einwohnern operiert, in Sachsen waren es 34,6 von 100.000 Einwohnern. Die Eingriffzahlen bei Minoramputationen sind laut G-BA ebenfalls angestiegen. Eine nicht medizinisch begründete Mengenausweitung von Amputationen beim Diabetischen Fußsyndrom ist somit nicht auszuschließen.

Letztendlich lässt sich feststellen, dass die Eingriffe, die in den G-BA-Richtlinien aufgeführt werden, in den letzten Jahren teilweise in ihrer Anzahl äußerst stark gestiegen sind, regional erhebliche Unterschiede aufweisen und aus diesem Grund als mengenanfällig bezeichnet werden können. Verstärkt werden regionale Unterschiede durch die Überversorgung in Ballungsräumen. In diesen Ballungsräumen sind mehrere Kliniken ansässig, die z. T. die gleichen Leistungen anbieten. Ein großes Problem, wenn es um den Wettbewerb zwischen den Kliniken geht.

Die medizinische Notwendigkeit der Eingriffe konnte dabei nicht immer festgestellt werden. Je unklarer die Evidenzlage zum Nutzen einer Operation im Vergleich zu anderen Behandlungsmaßnahmen, desto größer der Ermessensspielraum für die Indikationsentscheidung. Einige Ärzte arbeiten zudem nach dem Prinzip „Operation als Prävention" und wollen den Patienten dazu verhelfen, ein eventuelles Voranschreiten der Erkrankung mit den einhergehenden Komplikationen zu vermeiden. Andere Ärzte hingegen plädieren für den Ansatz „primum non nocere" („zuerst einmal nicht schaden") und ziehen konservative Therapien einer Operation eher vor.

Eine Zweitmeinung scheint letztendlich bei den genannten Indikationen äußerst sinnvoll. Die Übernahme der Kosten zur Einholung einer Zweitmeinung (Achtung: nur bei Schulterarthroskopie, Mandel-OP und Gebärmutterentfernung) muss von jeder gesetzlichen Krankenkasse in Deutschland erbracht werden. Wichtig ist jedoch, dass Sie gesetzlich und nicht privat versichert sind. Dann heißt es: Egal bei welcher Krankenkasse Sie versichert sind – sollte Ihr Arzt eine dieser Indikationen stellen, können Sie kostenlos eine zweite Meinung eines Spezialisten einfordern. Das hört sich doch schon mal gut an, finden Sie nicht?

Nun ja, wären da nicht noch die Eingriffe am Bewegungsapparat oder am Herzen, die in den letzten Jahren ebenso drastisch angestiegen sind. Hier heißt es laut dem Gemeinsamen Bundesausschuss, dass die Richtlinien um weitere mengenanfällige Indikationen erweitert werden sollen. Generell müssen die gesetzlichen Krankenkassen für die Kosten einer Zweitmeinung bei Erkrankungen bzw. Indikationen, die nicht in den Richtlinien definiert wurden, nicht aufkommen. Unabhängig davon bieten jedoch viele gesetzliche Krankenkassen eine Zweitmeinung bei verschiedenen Eingriffen und Erkrankungen an. Zudem bestehen Kooperationen mit bestimmten Fachkliniken oder Zweitmeinungsportalen. Mehr dazu in Kap. 6.

Fazit

Die Grundlagen zum Zweitmeinungsverfahren wurden geklärt. Sie sehen, es steckt viel Geld hinter der steigenden Anzahl von Operationen. Teilweise kommen weite Indikationsstellungen und damit verbunden ein zu großer Spielraum für die Diagnosestellung sowie zu wenig Wissen über alternative Behandlungsmethoden hinzu. Die Einholung einer ärztlichen Zweitmeinung wird immer wichtiger, v. a. wenn es um komplexe Erkrankungen oder Operationen geht.

Die einzelnen Aspekte zum Thema – etwa die Zweitmeinung bei weiteren Indikationen, die Zweitmeinung bei den verschiedenen gesetzlichen Krankenkassen sowie in der privaten Krankenversicherung und das genaue Vorgehen zur Einholung einer Zweitmeinung – werden sukzessive geklärt. Beginnen wir damit, uns zu fragen, ab wann eine ärztliche Zweitmeinung generell sinnvoll ist.

Literatur

Barmer GEK. (2010). *Barmer GEK Report Krankenhaus.* https://www.barmer. de/blob/39080/984ce8bfcb27f31e3666bf5971f59f79/data/pdf-report-krankenhaus-2010.pdf. Zugegriffen am 09.08.2020.

3

Wann ist eine ärztliche Zweitmeinung sinnvoll?

Ab wann man eine zweite Meinung einholen will, muss zunächst jeder Patient für sich selber entscheiden. Nichtsdestotrotz gibt es einige Faktoren, anhand deren die Notwendigkeit einer Zweitmeinung beurteilt werden kann (siehe Abb. 3.1).

Prinzipiell sollten Sie sich nach dem Gespräch mit dem indikationsstellenden Arzt fragen: Habe ich ausreichend Zeit, um eine Zweitmeinung einzuholen? Habe ich wenig bis gar keine Informationen über den geplanten Eingriff? Hat der Eingriff eine große Auswirkung auf meine Gesundheit? Sollten Sie diese Fragen mit Ja beantworten, so kann es durchaus sinnvoll sein, eine zweite Meinung einzuholen. Dabei können Faktoren wie z. B. ein mangelhaftes Aufklärungsgespräch, fehlendes Vertrauen und hohe Kosten (z. B. bei Zahnersatz) das Bedürfnis nach einer Zweitmeinung verstärken.

Am Beispiel von Frau Müller lässt sich die Matrix folgendermaßen darstellen: Da Frau Müller noch keine starken andauernden Schmerzen hat und der Einsatz eines künstlichen Hüftgelenks keinen dringenden Eingriff darstellt, hat sie noch Zeit für die Einholung einer Zweitmeinung. Außerdem hat ihr Arzt sie nicht genügend über mögliche Therapiealternativen aufgeklärt. Der Orthopäde hat lediglich die Emp-

V. Nürnberg, M.-T. Meier, *Patientenrecht Zweitmeinung*, https://doi.org/10.1007/978-3-658-14426-5_3

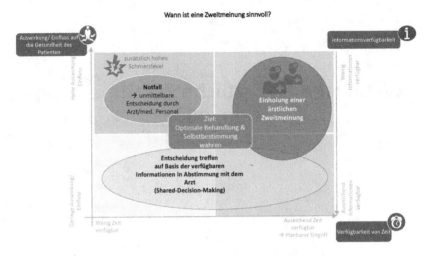

Abb. 3.1 Wann ist eine Zweitmeinung sinnvoll?

fehlung einer Operation ausgesprochen. Da ein künstliches Hüftgelenk und die Operation auch gesundheitliche Risiken darstellen, ist eine Zweitmeinung in conclusio sinnvoll für Frau Müller.

Als kleiner, aber passender Exkurs hierzu: Das oberste Ziel einer ärztlichen Beratung – sei es mit dem indikationsstellenden oder dem zweitmeinungsgebenden Arzt – sollten immer Ihre individuellen Wünsche und Bedürfnisse darstellen und damit einhergehend eine für Sie optimale Behandlung. Gemeinsam mit dem Arzt soll dabei die Entscheidung über die Therapie getroffen werden. Der Arzt kann in diesen Prozess der Entscheidungsfindung sein medizinisches Wissen mit einbringen und Sie gleichzeitig Ihre individuellen Präferenzen (siehe Abschn. 13.4: „Shared Decision Making").

Liegt ein medizinischer Notfall vor, sollte stets eine unmittelbare Entscheidung zur weiteren Behandlung erfolgen, da eine zeitliche Verzögerung sich negativ auf den Gesundheitszustand auswirken könnte. Von einer Zweitmeinung ist hier in jedem Fall abzuraten.

Handelt es sich um einen Eingriff (z. B. Impfung), über den ausreichende Informationen verfügbar sind, so kann der Patient in Abstimmung mit dem Arzt die Entscheidung für oder gegen den Eingriff treffen. Aufgrund der geringen Wahrscheinlichkeit von Komplikationen oder Auswirkungen auf den Gesundheitszustand spielt die zeitliche Komponente nur eine untergeordnete Rolle.

In Bezug auf manche Eingriffe ist jedoch bekannt, dass sie häufig auch in Situationen angewendet werden, in denen sie nicht angezeigt sind oder ihr Nutzen zweifelhaft ist. Besonders Patienten mit komplexen Erkrankungen, bei denen mehrere Therapiemöglichkeiten eingesetzt werden können, ist eine ärztliche Zweitmeinung zu empfehlen. So können neben den Erkrankungen am Bewegungsapparat auch onkologische Erkrankungen und deren Behandlung von einer ärztlichen Zweitmeinung positiv beeinflusst werden. Die Frage nach der richtigen Behandlungsmöglichkeit steht v. a. bei Krebspatienten ganz oben auf der Liste. Selten hat hier ein Arzt den Überblick über sämtliche Krebstherapien. Doch auch in anderen medizinischen Bereichen, in denen komplexe Therapien und Operationen ein breit gefächertes Wissen erfordern, kann die Zweitmeinung sinnvoll sein. Mehr dazu in Kap. 6.

Fazit

Letztendlich geht es bei der ärztlichen Zweitmeinung darum, die Entscheidungskompetenz der Patienten bezüglich ihrer Behandlung zu stärken. Dies ist v. a. bei komplexen Erkrankungen mit mehreren Therapiealternativen hilfreich. Ob eine Zweitmeinung wirklich sinnvoll ist, kann anhand der vier Faktoren (Planbarkeit des Eingriffs, Verfügbarkeit von Informationen und Zeit sowie Auswirkung auf die eigene Gesundheit) beurteilt werden.

Im Vordergrund der ärztlichen Zweitmeinung stehen dabei stets die Notwendigkeit des operativen Eingriffes und der Einsatz möglicher Therapiealternativen. Die Entscheidung, ob der Eingriff letztendlich durchgeführt wird oder nicht, liegt immer in den Händen des Patienten.

Durch das Zweitmeinungsverfahren können unnötige Eingriffe und – getreu dem Motto „Vier Augen sehen besser als zwei" – falsche Diagnosen vermieden werden. Denn auch wenn der Arzt die Diagnose bzw. die Indikation zur Operation mit bestem Wissen stellt, können ihm immer Fehler unterlaufen.

4

Von der Erstmeinung zur Zweitmeinung

4.1 Übersicht

Abb. 4.1 soll Ihnen zunächst einen groben Überblick über das Vorgehen zur Einholung einer ärztlichen Zweitmeinung geben. Generell lässt sich zwischen zwei Szenarien unterscheiden: der Indikationsstellung einer Mandel-OP, Schulterarthroskopie bzw. Gebärmutterentfernung und der Indikation einer Therapie oder Operation außerhalb der Richtlinie.

4.2 Der indikationsstellende Arzt

Im ersten Schritt stellt der Arzt regulär die Diagnose und empfiehlt Ihnen möglicherweise eine Operation bzw. eine (medikamentöse) Therapie.

Szenario 1: Stellt der Arzt dabei eine Indikation zu einem **Eingriff an Gaumen- oder Rachenmandeln** (Tonsillektomie, Tonsillotomie), einer **Gebärmutterentfernung** oder einer **Schulterarthroskopie** (zukünftig auch eine Amputation beim Diabetischen Fußsyndrom), ist er gesetzlich dazu verpflichtet,

© Der/die Autor(en), exklusiv lizenziert durch Springer Fachmedien Wiesbaden GmbH, ein Teil von Springer Nature 2021
V. Nürnberg, M.-T. Meier, *Patientenrecht Zweitmeinung*,
https://doi.org/10.1007/978-3-658-14426-5_4

Abb. 4.1 Vom indikationsstellenden zum zweitmeinungsgebenden Arzt (Eigene Darstellung)

- Sie **mindestens 10 Tage vor dem geplanten Eingriff** über das Recht auf ärztliche Zweitmeinung hinzuweisen.
- Sie darauf hinzuweisen, dass die **Zweitmeinung nicht bei einem Arzt oder einer Einrichtung** eingeholt werden kann, durch den oder durch die der Eingriff durchgeführt werden soll.
- Ihnen ein **Patientenmerkblatt zum Zweitmeinungsverfahren des Gemeinsamen Bundesausschusses** auszuhändigen.

- Sie auf die **eingriffsspezifischen Entscheidungshilfen** (siehe Abschn. 10.1) des Instituts für Qualität und Wirtschaft im Gesundheitswesen (IQWiG) im Internet aufmerksam zu machen.
- Ihnen mitzuteilen, wo eine **Liste mit entsprechenden Zweitmeinern** bereitsteht.

Ob Sie das Recht auf eine ärztliche Zweitmeinung wahrnehmen wollen, bleibt Ihnen überlassen. Sollten Sie dem Zweitmeinungsverfahren zustimmen, benachrichtigen Sie Ihren Arzt darüber. Dieser muss Ihnen auf Wunsch alle Befunde zusammenstellen, die der Zweitmeiner benötigt.

Szenario 2: Der Arzt stellt eine Indikation bzw. Diagnose, die **nicht in den Richtlinien des G-BA** aufgenommen wurde, z. B. eine Knie- oder Hüftgelenksarthrose (Gonarthrose/Coxarthrose), onkologische/kardiologische Erkrankung usw.? Bei diesen Indikationen muss Sie der Arzt nicht auf eine ärztliche Zweitmeinung hinweisen (oben genannte Liste fällt weg). Dennoch haben Sie die Möglichkeit, eine Zweitmeinung einzuholen. Je nach Krankenkasse werden auch hier die Kosten übernommen. Mehr dazu in Kap. 6.

4.3 Die Suche nach der richtigen Zweitmeinung

Entscheiden Sie sich für eine ärztliche Zweitmeinung, müssen Sie im nächsten Schritt nach einem zweitmeinungsgebenden Arzt suchen. Hierzu stehen mehrere Optionen zur Auswahl:

- Unter der Telefonnummer 116117 können Sie sich über den richtigen Zweitmeiner für Ihre Erkrankung informieren.
- Auf der Internetseite www.116117.de/zweitmeinung können Sie zu den Indikationen einer Gebärmutterentfernung (Hysterektomie), einer Mandeloperation (Tonsillektomie, Tonsillotomie), einer Schulterarthroskopie, sowie künftig auch einer Amputation beim Diabetischen Fußsyndrom einen Zweitmeiner finden. Hier können Sie in Ihrem Umkreis nach einem passenden zweitmeinungsgebenden

Arzt suchen. (Auf der Internetseite lässt sich ebenso nach Fachärzten sämtlicher Fachgebiete in Ihrem Umkreis suchen.)

- Die einzelnen Kassenärztlichen Vereinigungen der Bundesländer bieten auf ihren Internetseiten die Suche nach einem Zweitmeiner an. Als Beispiel die Kassenärztliche Bundesvereinigung Bayern: Auf der linken Seite befindet sich hier ein Kästchen zur „Arzt-/Psychotherapeutensuche". Geben Sie im Feld „Fachgebiet oder Nachname" das Stichwort „Zweitmeinung" ein. Nun erscheint eine Auflistung der verschiedenen Zweitmeinungen zu einer Gebärmutterentfernung, einer Mandel-OP sowie einer Schulterarthroskopie. Optional können Sie noch Ihre Postleitzahl für die Umkreissuche eingeben.
- Haben Sie keine Indikation zu einer Gebärmutterentfernung, einer Mandeloperation oder einer Schulterarthroskopie, können Sie zunächst bei Ihrer Krankenkasse bezüglich einer ärztlichen Zweitmeinung nachfragen (die meisten KV übernehmen auch hier die Kosten).
- Teilweise haben Krankenkassen Kooperationen mit verschiedenen Zweitmeinern (z. B. Tumorboards, Zweitmeinungsportale, spezielle Kliniken usw.). Fragen Sie auch hier bei der Krankenkasse nach, ob solche Kooperationen bestehen.
- Ebenso können Sie bei einzelnen Diagnosen im Internet nach Zweitmeinungsportalen (z. B. Zweitmeinungen zu Krebs) suchen. Die Einholung einer Zweitmeinung erfolgt hier online, also ohne Patientenkontakt und über das Internet. Wichtig ist jedoch, dass Sie sich im Vorfeld bei Ihrer Krankenkasse über die Übernahme der Kosten informieren. Mehr dazu in Kap. 6 und 7.

Von welchem Arzt Sie eine Zweitmeinung einholen möchten, können Sie frei wählen. Sobald Sie den richtigen Zweitmeiner für Ihre Erkrankung gefunden haben, können Sie einen Termin für eine ärztliche Zweitmeinung vereinbaren.

4.4   Der zweitmeinungsgebende Arzt

Der Gemeinsame Bundesausschuss hat in seinen Richtlinien zum Zweitmeinungsverfahren Anforderungen an die Zweitmeiner festgelegt. Die Anforderungen werden jedoch nur bei den Indikationen zu einer Mandel-OP, einer Schulterarthroskopie sowie einer Gebärmutterentfernung (zukünftig auch einer Ampuation beim Diabetischen Fußsyndrom) gestellt. Bei Indikationen außerhalb der Richtlinie gelten diese Anforderungen demnach nicht.

Generell ist nicht jeder Arzt dazu berechtigt, eine Zweitmeinung (bei den Indikationen innerhalb der Richtlinie) abzugeben. Die Abrechnung einer Zweitmeinung kann nur dann erfolgen, wenn diese Ärzte eine Genehmigung von der Kassenärztlichen Vereinigung bekommen haben. Dabei werden folgende Anforderungen an den zweitmeinungsgebenden Arzt gestellt:

- Anerkennung einer Facharztbezeichnung in dem für den jeweiligen Eingriff festgelegten Fachgebiet.
- Mindestens fünfjährige ganztägige oder vom Umfang her entsprechende Teilzeittätigkeit in der unmittelbaren Patientenversorgung.
- Nachweis über absolvierte Pflichtfortbildungen.
- Weiterbildungsermächtigung der Landesärztekammer oder akademische Lehrbefugnis.

Ein wichtiges Kriterium zur Abgabe einer Zweitmeinung ist die Unabhängigkeit des Zweitmeiners. Diese soll durch zwei Punkte gewährleistet werden: Der zweitmeinungsgebende Arzt darf den geplanten Eingriff nicht selbst durchführen und es dürfen keine finanziellen Beziehungen bestehen, die der Unabhängigkeit im Wege stehen (z. B. Erhalt von Honoraren, Drittmitteln oder sonstiger Unterstützung für den Einsatz von Medizinprodukten, die für den Zweitmeinungseingriff relevant sind). Letzteres muss im Antrag zur Abgabe einer Zweitmeinung angegeben werden.

Zur Abgabe einer Zweitmeinung muss der Arzt schließlich folgende Punkte beachten:

- Anhand der Befunde des ersten Arztes soll der Zweitmeiner die Indikation einer Operation bzw. einer Therapie bewerten. (WICHTIG: Nehmen Sie alle bereits erhobenen Befunde vom indikationsstellenden Arzt mit. Bei einer erneuten Befunderhebung könnten ansonsten Kosten durch die Krankenkasse auf Sie zukommen.)
- Wenn die Vorbefunde nicht ausreichen, kann der Arzt weitere Untersuchungen durch den erstbehandelnden (indikationsstellenden) Arzt anordnen, die Sie – je nach Leistung und Krankenkasse – selbst bezahlen müssen.
- Therapiealternativen sollten unter Berücksichtigung der Anamnese und des Krankheitsverlaufs einbezogen werden, gestützt auf die Vorbefunde und Präferenzen des Patienten.
- Die Zweitmeinung gilt als abgegeben, wenn die Indikation bestätigt oder nicht bestätigt worden ist.
- Auf Wunsch des Patienten wird das Ergebnis der Zweitmeinung dem indikationsstellenden Arzt mitgeteilt und/oder das Ergebnis in einem Bericht zusammenfassend dargestellt und dem Patienten ausgehändigt.

Im Fokus des Zweitmeinungsgesprächs stehen in jedem Fall die Notwendigkeit des geplanten Eingriffes und die möglichen Therapiealternativen. Trauen Sie sich ruhig nachzufragen, wenn weitere Unsicherheiten oder Zweifel auftauchen. In Kap. 10 finden Sie Internetlinks zu Fragelisten für den Arztbesuch. Ebenso können Sie anhand der Entscheidungshilfen (siehe Kap. 10) informierter in das Gespräch mit dem Arzt gehen und gezielt Fragen stellen.

Wenn Sie nun eine zweite Meinung eingeholt haben, stehen Sie vor der Therapieentscheidung, die Sie gemeinsam mit dem Zweitmeiner treffen sollen. Eine Therapieempfehlung soll vom Arzt klar formuliert werden. Bestehen weitere Zweifel am Eingriff bzw. an der Behandlung, können Sie zwar z. B. eine Drittmeinung einholen. Wichtig ist aber hier zu erwähnen, dass die dadurch entstandenen Kosten nicht mehr von der gesetzlichen Krankenkasse übernommen werden müssen (siehe Kap. 9).

Fazit

Der Weg vom indikationsstellenden Arzt zum Zweitmeiner wurde durch die Richtlinien klar geregelt. Durch die Anforderungen und Aufgaben, die an beide Parteien gestellt werden, kann eine qualitativ hochwertige Abgabe einer Zweitmeinung gewährleistet werden. Diese Anforderungen, die an die Zweitmeiner gestellt werden, gelten jedoch nicht für Eingriffe außerhalb der Richtlinien. Somit ist die Qualität der Zweitmeinung in anderen medizinischen Bereichen immer kritisch zu hinterfragen. Damit einher geht das Problem der geringen Anzahl der Eingriffe, die ein Recht auf Zweitmeinung haben und bei denen die Kosten für eine Zweitmeinung somit von der Krankenkasse übernommen werden müssen. Hier gibt es einige weitere Operationen (siehe Kap. 1), die in den letzten Jahren rasant angestiegen sind und zusätzlich regionale Unterschiede aufweisen. Neben diesen Operationen sind Indikationen, z. B. onkologischer, kardiologischer oder psychischer Art, ebenfalls nicht in den Richtlinien aufzufinden. Mittlerweile haben viele gesetzliche Krankenkassen auf diese Problematik reagiert. Die Eingriffe, die nicht in den Richtlinien enthalten sind, wurden teils in den freiwilligen Satzungsleistungen der verschiedenen Krankenversicherungen mit aufgenommen. Über die Hälfte aller Krankenkassen kooperieren hier mit speziellen Zweitmeinungspartnern. Mehr dazu finden Sie in Kap. 6 und 7.

5

Online-Zweitmeinungsportale

5.1 Medexo.de

Das Online-Zweitmeinungsportal[1] Medexo vermittelt zunächst ohne direkten Patientenkontakt eine ärztliche Zweitmeinung zu operativen Eingriffen in verschiedenen Fachbereichen. Die Basis bildet dabei ein ausführlicher Fragebogen, der von Ihnen ausgefüllt werden muss. Außerdem können Sie mit einem Upload-Tool weitere Unterlagen wie MRTs oder Röntgenbilder hochladen. Ein medizinischer Experte des jeweiligen Fachbereichs, beispielsweise auf dem Gebiet der Orthopädie oder Kardiochirurgie, erstellt anhand dieser Dokumente die zweite Meinung. Ebenso bekommen Sie Alternativvorschläge in „Laiendeutsch".

Ob die Kosten für die Zweitmeinung von Ihrer Krankenkasse (GKV oder PKV) übernommen werden, können Sie auf der Seite von medexo. de ausfindig machen. Geben Sie dazu einfach unter dem Punkt „Kostenübernahme" Ihre Krankenkasse sowie das gewünschte Fachgebiet ein. In Abb. 5.1 sehen Sie außerdem die Krankenkassen, die für die Kosten

---

[1] Die Auflistung und Beschreibung der Portale erfolgen ohne Gewähr. Es bestehen keine Kooperationen mit den genannten Zweitmeinungsportalen.

© Der/die Autor(en), exklusiv lizenziert durch Springer Fachmedien Wiesbaden GmbH, ein Teil von Springer Nature 2021
V. Nürnberg, M.-T. Meier, *Patientenrecht Zweitmeinung*,
https://doi.org/10.1007/978-3-658-14426-5_5

SDK – Süddeutsche Krankenversicherung	AOK – Sachsen-Anhalt	KKH – Kaufmännische Krankenkasse	Die Techniker
BKK – Salzgitter	BKK – Scheufelen	BKK – Gildemeister, Seidensticker	BKK VDN
BKK – Public	BKK – Faber Castell & Partner	BKK – Melitta Plus	Atlas BKK ahlmann
BMW BKK	BKK Linde	TUI BKK	König & Bauer BKK
Audi BKK	BKK Verband Plus	Pronova BKK	Mobil – Betriebskrankenkasse
SBK	Die Techniker	Akzo Nobel Bayer	ottonova
Betriebskrankenkasse – Deutsche Bank Ag	iKK classic	HEK – Hanseatische Krankenkasse	

Abb. 5.1 Kostenübernahme der Krankenversicherungen, Stand August 2020. (Eigene Darstellung in Anlehnung an medexo.de)

unterschiedlicher Fachbereiche aufkommen. Sollte der Eingriff, der von Ihrem indikationsstellenden Arzt empfohlen wird, nicht in den Leistungen Ihrer Krankenkasse enthalten sein, können Sie die Kosten selbst übernehmen (zwischen 500 € und 650 €, Stand August 2020).

5.2 Betterdoc.org

Die Einholung der Zweitmeinung kann auf der Internetseite von Betterdoc zu sämtlichen Erkrankungen vorgenommen werden. Besonders häufig erfolgten Zweitmeinungsverfahren laut Betterdoc in den Bereichen Hüft- und Knieendoprothetik, Rückenoperationen sowie bei Prostatakarzinomen.

Im ersten Schritt werden auch hier die Befunde des indikationsstellenden Arztes hochgeladen. Im Anschluss daran werden vom Zweitmeinungsportal die für Sie besten Ärzte/Kliniken identifiziert. Die Zweitmeinung selbst wird also nicht durch ein Team von Betterdoc erstellt. Dieses ist lediglich für die Vermittlung eines Arztes bzw. einer Klinik mit einer überprüften Indikationsqualität (der Arzt/die Klinik hat sich auf Ihre Indikation spezialisiert) zuständig, bei denen Sie letztendlich einen Termin vereinbaren können.

Einige Krankenkassen kooperieren bereits mit Betterdoc (AOK Hessen, Allianz, AXA, DAK Gesundheit usw.). Fragen Sie einfach bei Ihrer Krankenkasse nach, ob die Kosten für eine Zweitmeinung bei dem Zweitmeinungsportal Betterdoc übernommen werden. Kooperiert Ihre Versicherung nicht mit dem Portal, haben Sie die Möglichkeit, in den sog. „Patienten-Club" einzutreten. Sie schließen hier einen Vertrag mit zweijähriger Mindestlaufzeit ab und zahlen pro Jahr 149 € sowie 99 € Aufnahmegebühr. Damit können Sie und Ihr Partner, inkl. der Kinder (unter 23 Jahren), kostenlos das gesamte Angebot von Betterdoc nutzen. Auf Anfrage gab die Seite bekannt, dass die Kosten für das Zweitmeinungsverfahren ohne Mitgliedschaft nicht privat gezahlt werden können.

Fazit

Die Ortsunabhängigkeit sowie eine schnelle Bearbeitung durch standardisierte Prozesse können eine Online-Zweitmeinung durchaus attraktiv erscheinen lassen. Die Digitalisierung medizinischer Dienstleistungen kann besonders für immobile und kranke Patienten hilfreich sein. Der erneute Weg zum Arzt kann Ihnen erspart bleiben, denn die Einholung der Zweitmeinung erfolgt i. d. R. bequem von der Couch aus. Nichtsdestotrotz gibt es auch im Rahmen der Zweitmeinungsportale Nachteile, die ihre Beachtung finden sollen.

Übernimmt Ihre Krankenkasse beispielsweise nicht die Kosten für die Zweitmeinung der Online-Portale, können durch sog. Servicepauschalen hohe Kosten auf Sie zukommen.

Ein weiteres Problem könnte die Unabhängigkeit einiger Zweitmeinungsportale gegenüber den empfohlenen Fachärzten darstellen. Hier können durchaus Kooperationen zwischen Zweitmeinern und den Fachärzten, die die Therapie oder Operation letztendlich durchführen sollen, bestehen.

Außerdem erfolgt die Abgabe einer Zweitmeinung über ein Portal nun mal online. Der Patient und der zweitmeinungsgebende Arzt sehen sich in der Regel nicht in persona. Dabei ist besonders das persönliche Gespräch zwischen Arzt und Patient für die weitere Behandlung maßgeblich. So wird die Therapieentscheidung in einem Zweitmeinungsportal in der Regel alleine vom Arzt getroffen. Der Patient muss die Entscheidung so hinnehmen. Eine gemeinsame Entscheidungsfindung, auf Grundlage der Wünsche und Bedürfnisse des Patienten, wäre viel wichtiger. Neben intimen Informationen, die der Patient nicht über das Internet weitergeben würde, kann eine erneute körperliche Untersuchung durch den zweitmeinungsgebenden Arzt – falls erforderlich – die Therapieentscheidung bzw. die Beurteilung der empfohlenen Maßnahmen ändern.

Neben den Zweitmeinungsportalen, deren Angebot breit gefächert ist und die eine erste Orientierung geben, können Patienten mit spezifischen Erkrankungen (z. B. kardiologische, orthopädische, onkologische oder intensivmedizinische Erkrankungen) auf Zweitmeinungsportale zurückgreifen, die sich auf ihr Krankheitsbild spezialisiert haben. Mehr dazu im nächsten Kapitel.

6

Zweitmeinung in anderen medizinischen Bereichen

Die Indikationen, die in den Richtlinien integriert wurden und bei denen eine Zweitmeinung somit von der Krankenkasse übernommen wird, sind begrenzt. Doch Erkrankungen, die für die Patienten besonders schwerwiegend sind und für die mehrere Behandlungsmöglichkeiten zur Verfügung stehen, sind zahlreich vorhanden. Diese komplexen Erkrankungen stellen einen großen Einschnitt in die Lebensqualität der Erkrankten dar. Diagnosen und medizinische Eingriffe können hier weitreichende Konsequenzen mit sich ziehen. Eine ärztliche Zweitmeinung erscheint als besonders relevant. Welche Möglichkeiten Ihnen mit einer onkologischen, kardiologischen, orthopädischen, zahnmedizinischen sowie intensivmedizinischen Erkrankung zur Einholung einer Zweitmeinung offenstehen, sehen Sie in den nachfolgenden Kapiteln.

Wichtig zu betonen ist, dass die Herausgabe der Befundunterlagen – egal ob privat oder gesetzlich versichert – rechtlich geregelt ist. Jeder Patient hat dabei das Recht auf Einsichtnahme sowie auf die Anfertigung von Kopien seiner Patientenakten.

Im Rahmen dieses Kapitels besteht keine Gewähr auf Vollständigkeit. Das Kapitel wurde im August 2020 verfasst und dient nur der exemplarischen Übersicht über verschiedene Zweitmeinungsangebote.

© Der/die Autor(en), exklusiv lizenziert durch Springer Fachmedien Wiesbaden GmbH, ein Teil von Springer Nature 2021
V. Nürnberg, M.-T. Meier, *Patientenrecht Zweitmeinung*,
https://doi.org/10.1007/978-3-658-14426-5_6

6.1 Zweitmeinung bei onkologischen Erkrankungen

Bei Ihnen wurde eine Tumorerkrankung diagnostiziert? Eine bestimmte Behandlung wurde bereits empfohlen, aber Sie sind sich nicht sicher, ob das die richtige Behandlung ist? Sie wollen eine Zweitmeinung einholen?

Das Wissen um die Ursachen und den Krankheitsverlauf bei Krebs nimmt ständig zu. Aufgrund der Komplexität von Krebserkrankungen und der wachsenden Forschung der Tumorbiologie kann eine Fachdisziplin alleine nicht mehr festlegen, welche Therapieoption die bessere ist. Welche Therapie für Sie geeignet ist, ist vom Stadium abhängig. Die Heilungschancen hängen bei den meisten Krebsarten sehr stark vom Zeitpunkt der Diagnose ab. Eine wichtige Voraussetzung ist neben einer frühzeitigen Diagnose, die bestmögliche individuelle Krebstherapie zu finden. Tumorboards können für viele Patienten mit einer Krebserkrankung hilfreich sein.

Die Tumorboards besprechen in einem interdisziplinären Team die optimale Behandlungsempfehlung für Patienten mit onkologischen Erkrankungen. Komplexe Krankheitsbilder, wie z. B. Tumorerkrankungen, überschneiden sich häufig in den einzelnen Fachgebieten, sodass es wichtig ist, mehrere Spezialisten in einem Team zu vereinen. In den regelmäßigen Sitzungen, bei denen verschiedene Ärzte und Experten unterschiedlicher Fachrichtungen anwesend sind, werden dann die vorliegenden Akten und Behandlungsmöglichkeiten geprüft und diskutiert. Die Fachrichtung der Teilnehmenden richtet sich nach der jeweiligen Erkrankung und der Fragestellung. So kann sich das Team beispielsweise aus Onkologen, Chirurgen, Radiologen, Strahlentherapeuten und Pathologen zusammensetzen. Die Tumorboards finden u. a. in verschiedenen Kliniken statt. Fragen Sie Ihren Arzt, ob auch in Ihrer Klinik oder in der Nähe Ihrer Klinik ein solches Tumorboard ansässig ist.

6.1.1 Das „Comprehensive Cancer Center" in München

Als Beispiel für ein Tumorboard soll das „Comprehensive Cancer Center" in München dienen. Hier werden die onkologische Expertise der Universitätskliniken der Technischen Universität (rechts der Isar) und der Ludwig-Maximilians-Universität (Großhadern und Innenstadt) sowie die des Tumorzentrums vereint. Die Tumorboards finden in regelmäßigen Sitzungen statt, in denen das bestmögliche Behandlungskonzept für den jeweiligen Patienten besprochen wird. Der empfohlene Behandlungsplan kann schließlich von einem Onkologen vor Ort oder evtl. vom Hausarzt umgesetzt werden. Eine Zweitmeinungsanfrage können Sie direkt an das CCC stellen. Auf der Internetseite www.ccc-muenchen. de finden Sie alle Informationen, die Sie für die Einholung einer Zweitmeinung benötigen. Diesbezüglich ist wichtig, dass Sie sich vorab bei Ihrer Krankenkasse über die Kostenübernahme informieren.

Eine weitere Möglichkeit zur Zweitmeinungseinholung bei onkologischen Erkrankungen stellen Zweitmeinungsportale dar.

6.1.2 Krebszweitmeinung.de

Das Zweitmeinungsportal Krebszweitmeinung arbeitet mit insgesamt 140 onkologischen Zentren zusammen. Wenn Sie vom Portal eine Zweitmeinung einholen wollen, müssen Sie zunächst das Kontaktformular ausfüllen. In der Regel werden Sie im telefonischen Erstgespräch über das weitere Vorgehen informiert. Bis zum Erstgespräch entstehen noch keine Kosten. Sobald Sie sich jedoch für die Begutachtung durch das Zweitmeinungsportal entscheiden, fallen Kosten an. Im ersten Schritt übermitteln Sie die Unterlagen und Befunde Ihres indikationsstellenden Arztes, welche von den Experten des Zweitmeinungsportals geprüft und analysiert werden. Im Anschluss daran wird das für Sie geeignetste Tumorboard für Ihre Erkrankung ermittelt. Die Terminvermittlung zum Arzt bzw. zu der Klinik erfolgt über das Portal.

Bis dato (November 2020) übernehmen rund 25 gesetzliche und private Krankenversicherungen die Kosten, die beim Online-Portal entstehen. Die Kosten für das Zweitmeinungsverfahren beziffern sich einmalig auf 379 € (November 2020). Wenn Ihre Krankenkasse die Kosten nicht übernimmt, besteht trotzdem die Möglichkeit einer kostenlosen Zweitmeinung, sobald Sie im Anschluss an die Zweitmeinung einen Fragebogen beantworten. Hintergrund hierzu ist eine wissenschaftliche Untersuchung zum Thema Zweitmeinung gemeinsam mit der Deutschen Krebsgesellschaft. Mit der Untersuchung will das Zweitmeinungsportal erreichen, dass zum einen mehr Krebspatienten Zugang zu einer fundierten Zweitmeinung erhalten und zum anderen sich zukünftig mehr Krankenkassen bzw. Krankenversicherungen an den Kosten beteiligen.

6.2 Zweitmeinung bei kardiologischen Erkrankungen

Herzerkrankungen können komplex sein. Die Diagnose einer kardiologischen Erkrankung und ein damit verbundener herzchirurgischer Eingriff können für Sie einen schweren Einschnitt bedeuten. Herzrhythmusstörungen, Herzschwäche, koronare Herzerkrankungen, Herzklappenschwäche und Herzinfarkte beeinflussen die Lebensqualität maßgeblich. Besonders operative Eingriffe, wie z. B. das Einsetzen eines Bypasses oder einer neuen Herzklappe, Stentbehandlungen oder die Operation eines angeborenen Herzfehlers, gestalten sich schwierig. Wie bereits in Kap. 2 dargestellt wurde, ist die Herzkatheteruntersuchung eine beliebte Methode, um eine Herzerkrankung zu diagnostizieren. In vielen Fällen könnte auf diese Untersuchung verzichtet werden, wenn die alternativen Diagnosemöglichkeiten voll ausgeschöpft würden. Sollten Sie sich bezüglich der Diagnose bzw. der Behandlung unsicher sein und/oder sich über diagnostische/therapeutische Alternativen informieren wollen, erscheint eine ärztliche Zweitmeinung sinnvoll.

Verschiedene Herzzentren bieten die Möglichkeit an, eine Zweitmeinung bei kardiologischen Erkrankungen einzuholen. Fragen Sie also am besten bei Ihrer Krankenkasse oder bei Ihrem Arzt nach, ob auch in Ihrer Nähe ein solches Angebot zur Verfügung steht.

6.2.1 Das Norddeutsche Herznetz

Dieses Netz ist ein Angebot der integrierten Versorgung und richtet sich an herzkranke Patienten. Das Norddeutsche Herznetz (NHN) kooperiert mit verschiedenen Krankenkassen, deren Versicherte das Angebot der Zweitmeinung kostenlos nutzen können. Folgende Krankenhäuser in Hamburg nehmen am Angebot teil: das Albertinen-Krankenhaus, das Evangelische Amalie Sieveking Krankenhaus, das Marienkrankenhaus sowie das Krankenhaus Buchholz.

Das Versorgungsangebot basiert auf dem fachübergreifenden Behandlungspfad „Überleitmanagement Herz – Versorgungsangebot für Risikopatienten mit Herzerkrankungen und Indikation zur stationären Akutbehandlung". Die Patienten werden von der Diagnostik bis zur Nachsorge strukturiert begleitet. Dabei sind niedergelassene Haus- und Fachärzte sowie Krankenhäuser und Rehabilitationseinrichtungen in das Angebot miteinbezogen. Der Behandlungspfad integriert verschiedene sektorenübergreifende Behandlungsketten, etwa den Weg vom Hausarzt/fachärztlichen Internisten bis hin zur Rehabilitationseinrichtung. Anhand der abgestimmten Behandlungen können Mehrfachuntersuchungen oder unnötige Therapien vermieden werden. Die Versorgung der Patienten erfolgt, bis auf Notfälle, ausschließlich durch die teilnehmenden Leistungserbringer des NHN. Weiterführende Informationen können Sie auf der Homepage www.NDHN.de finden.

Bei kardiologischen Erkrankungen besteht ebenso die Möglichkeit, eine ärztliche Zweitmeinung über das Internet einzuholen.

6.2.2 Herzzweitmeinung.de

Das Zweitmeinungsportal herzzweitmeinung.de bietet, ähnlich wie krebszweitmeinung.de, eine ärztliche Zweitmeinung zu Herzerkrankungen an. Das Portal arbeitet mit sieben kardiologischen Zentren zusammen, deren Spezialisten für die verschiedenen Erkrankungen zuständig sind. Sobald Sie mit Herzzweitmeinung Kontakt aufgenommen haben, der Zweitmeinung zugestimmt und alle erforderlichen Dokumente eingereicht haben, wird ein passendes Expertenboard für Sie ermittelt, das Ihre Diagnose bzw. Therapie im interdisziplinären Team (Herzkonferenz) bespricht. Bezüglich der Kostenübernahme durch die Krankenkasse wird dazu geraten, sich im Vorfeld bei der jeweiligen Krankenkasse zu informieren. Laut Herzzweitmeinung zeigen sich in vielen Fällen die Kassen und Versicherungen kulant und übernehmen die Kosten für die Zweitbegutachtung.

6.3 Zweitmeinung bei orthopädischen Erkrankungen

Orthopädische Eingriffe am Bewegungsapparat, z. B. an Hüfte, Knie oder Rücken, sind unumkehrbare Maßnahmen und können einen Menschen unter Umständen ein Leben lang begleiten. Vor allem die Anzahl der Operationen an der Hüfte, am Knie oder an der Schulter ist in den letzten Jahren gestiegen (siehe auch Kap. 2). Wurde auch bei Ihnen ein Eingriff an der Wirbelsäule oder eine Gelenkoperation an Hüfte, Schulter oder Knie geplant?

Die Schulterarthroskopie hat bereits in den Richtlinien des G-BA das Recht auf eine ärztliche Zweitmeinung und diese muss somit von den gesetzlichen Krankenkassen übernommen werden. Doch z. B. endoprothetische Versorgungen an Knien und Hüften oder Operationen am Rücken sind nicht in den Richtlinien mit inbegriffen. Viele GKV übernehmen jedoch die Kosten für die Einholung einer Zweitmeinung bei orthopädischen Erkrankungen. Somit können die Patienten auch hier von einer Zweitmeinung profitieren.

Orthopäden können Patienten – anders als in der Regelversorgung – im Rahmen der besonderen (integrierten) Versorgung bis zu 32 Therapieeinheiten in rascher Abfolge verordnen. Die Wahl der Heilmittel liegt dabei bei dem behandelnden Physiotherapeuten und kann Krankengymnastik, manuelle Therapie und/oder gerätegestützte Krankengymnastik umfassen. Ziel ist es, durch die langfristige Therapie die Lebensqualität der Betroffenen zu erhöhen.

Generell gibt es im Rahmen von orthopädischen Erkrankungen Schmerzzentren, die für den Patienten eine integrierte Versorgung anbieten, sowie Zweitmeinungsportale, die sich auf Erkrankungen des Bewegungsapparates spezialisiert haben.

6.3.1 Die IMC-Schmerzzentren

Den Versicherten der Vertragskassen der IMC (Integrative Managed Care GmbH) wird im Rahmen eines integrierten Versorgungsvertrages eine ärztliche Zweitmeinung vor avisierten oder schon terminierten Rücken- oder Gelenkersatzoperationen (Hüfte, Knie, Schulter) in schmerztherapeutischen Schwerpunktzentren angeboten. Eine Besonderheit ist dabei, dass nicht ein Arzt, sondern die Krankenkasse den Versicherten in das Versorgungskonzept einweist. In den vertraglichen Schmerzzentren erhalten Sie innerhalb von sieben Wochentagen einen Termin für eine interdisziplinäre Untersuchung und Zweitmeinung zur geplanten Operation. Hierzu werden Sie in einem mehrstündigen, ausführlichen, diagnostischen Screening von einem Physio-, Psycho- und qualifizierten Schmerztherapeuten untersucht. Anhand der Untersuchungen kann das Team zu drei möglichen Ergebnissen kommen:

- Operation ist angezeigt, insofern das Schmerzteam keine ausreichende Verbesserung mit einer ambulanten Therapie erwartet.
- Operation ist nicht nötig, wenn der Patient am hochintensiven, interdisziplinären und multimodalen Behandlungskonzept im Schmerzzentrum teilnehmen kann.
- Operation ist nicht nötig, wenn eine Änderung und Neuausrichtung der bisherigen Regelversorgung erfolgt.

Sollte eine OP nicht notwendig sein, erhalten Sie einen Monat lang – basierend auf einer schmerztherapeutischen Diagnostik – eine individuell zugeschnittene Kombinationstherapie. Dazu gehören u. a. Entspannungsverfahren, Verhaltenstherapie, Kraft-, Ausdauer- und Koordinationstraining.

Bei den Rückenoperationen reichte, laut IMC, in 47 % der Fälle eine Optimierung der Regelversorgung aus. In 45 % der Fälle konnte eine OP vermieden werden, weil die Patienten an dem Therapieprogramm IVR

(Integrierter Versorgungs-Vertrag Rückenschmerz) teilnahmen. Bei 1.000 Patienten, die sich einer Gelenk-OP unterziehen sollten, wurde diese in nur 20 % der Fälle befürwortet.

Sobald eine OP abgelehnt wird, erfolgt eine ausführliche Begründung für ihre Ärzte durch das Schmerzteam. Das Team bespricht – falls erforderlich – mit dem behandelnden Arzt auch die möglichen Änderungen in der Regelversorgung.

Fragen Sie bei Ihrer Krankenkasse nach, ob diese am Programm des IMC teilnimmt und die Kosten dafür übernimmt.

6.3.2 Konservative Alternative bei drohenden Operationen – Knie, Hüfte, Wirbelsäule

Leiden Sie an einer Knie- und/oder Hüftarthrose oder an einer Erkrankung an der Wirbelsäule und steht Ihnen eine Operation bevor? Wenn ja, dann könnte der Behandlungspfad der konservativen Alternative interessant für Sie sein.

Besonders im orthopädischen Fachbereich werden viele Operationen durchgeführt, die nicht immer notwendig wären. Bei diesem Behandlungspfad arbeiten Orthopäden und Physiotherapeuten eng mit Ihnen zusammen, um durch gezielte konservative Maßnahmen eine Operation hinauszuzögern oder zu vermeiden. Nach der OP-Indikation durch den Haus- oder Facharzt, die auf einem Screeningbogen dokumentiert wurde, erfolgt durch die Physiotherapie eine ausführliche Eingangsanalyse. Nach dieser Analyse wird gemeinsam mit dem Arzt entschieden, ob das Modul zur OP-Vermeidung oder das Modul zur OP-Vorbereitung (beide erfolgen durch Einheiten in der Physiotherapie) gewählt wird. Für den Fall, dass der bestmögliche Therapieerfolg nur durch eine Operation zu erzielen ist, beinhaltet das Versorgungsprogramm der Deutschen Arzt AG kurzfristige Therapiemaßnahmen mit dem Ziel einer optimalen OP-Vorbereitung. Vor Beginn der Therapiemaßnahmen – sei es eine Physiotherapie oder eine OP – werden zusammen mit dem Patienten klare Therapieziele fixiert. In einer Zwischenbilanz wird entschieden, ob diese Ziele (einer konservativen Therapie oder zur OP-Vorbereitung) erreicht wurden und gegebenenfalls weitere

Therapieeinheiten nötig sind. Damit Sie sich mit dem Orthopäden während der Therapie auch außerhalb der Praxis austauschen können, bietet die Deutsche Arzt AG die Online-Plattform „sprechstunde online" an. Am Ende der Therapie erhalten Sie dann ein speziell auf Ihre Bedürfnisse angepasstes Trainingsprogramm über die Online-Heimtrainingsplattform NextPhysio. Dieses Trainingsprogramm ist fester Bestandteil in den Therapiekonzepten und soll die Therapieerfolge nachhaltig sichern.

Ob Ihr Arzt an dem Behandlungskonzept teilnimmt, können Sie auf der Internetseite www.orthinform.de/aerzte herausfinden. Für eine vollständige Kostenübernahme müssen Sie bei einer der folgenden Krankenkassen versichert sein: DAK, Viactiv, BKK VBU oder energie BKK. Weiterführende Informationen erhalten Sie entweder unter www.orthinform.de oder bei den teilnehmenden Ärzten.

6.3.3 Zweitmeinungsportal der Deutschen Wirbelsäulengesellschaft

Ein Zweitmeinungsportal im weiteren Sinne findet man auf der Homepage der Deutschen Wirbelsäulengesellschaft www.dwg.org. Wie der Name bereits verrät, handelt es sich hier um eine ärztliche Zweitmeinung zu sämtlichen Wirbelsäulenerkrankungen. Auf der Internetseite können Sie in der Suche den Begriff „Zweitmeinungsportal" eingeben und erhalten eine Deutschlandkarte mit allen am Zweitmeinungsportal teilnehmenden Experten der DWG. Dort können Sie sich informieren, welche Zweitmeiner (Wirbelsäulenspezialisten) sich in Ihrer Nähe befinden. Die Tabelle der Mitglieder zeigt Ihnen das Fachgebiet, die Zusatzqualifikationen und das Spezialgebiet auf. Sollten Sie nun den richtigen zweitmeinungsgebenden Arzt gefunden haben, füllen Sie das unter dem Punkt „Checkliste" angehängte Formular aus und schicken es an die Einrichtung Ihrer Wahl. Über einen Termin werden Sie informiert, sobald das Formular eingegangen und begutachtet worden ist. Die Beurteilung Ihres Krankheitsbildes bzw. der empfohlenen Operation findet vor Ort statt.

6.3.4 Schwerpunktportal für orthopädische Zweitmeinungen

Ein Zweitmeinungsportal im engeren Sinne, bei dem Ihre Erkrankung bzw. die empfohlene Operation nicht vor Ort beurteilt wird, stellt www. zweitmeinung-arzt.de dar. Das Portal hat sich auf Rücken-, Knie-, Hüft-, Schulter- und Fußerkrankungen spezialisiert. Wenn Sie sich für eine Zweitmeinung entscheiden, müssen Sie im ersten Schritt einen Fragebogen ausfüllen. Diesen können Sie sich entweder per Post zuschicken lassen oder online einreichen. Die Behandlungsunterlagen des indikationsstellenden Arztes senden Sie entweder per Post wieder zurück an das Portal oder laden diese online auf der Internetseite hoch. Auf Wunsch können die Unterlagen auch durch das Portal beim behandelnden Arzt angefordert werden. Im zweiten Schritt erstellt ein Spezialist innerhalb von sieben Tagen, auf Grundlage Ihrer Unterlagen, die Zweitmeinung zu Ihrer Erkrankung. Das mehrseitige Gutachten mit Behandlungsempfehlung wird Ihnen per Post zugeschickt. Nach der Zustellung können Sie sich, falls gewünscht, mit dem Zweitmeiner in Verbindung setzen.

Fragen Sie bezüglich der Kostenübernahme in jedem Fall bei Ihrer Krankenkasse nach. Sollte diese die Übernahme verweigern, müssen Sie die Zweitmeinungskosten in Höhe von max. 245 € an das Zweitmeinungsportal bezahlen.

6.4 Zweitmeinung bei zahnmedizinischen Erkrankungen

Sie haben einen schwereren zahnmedizinischen Eingriff vor sich – etwa eine Zahnersatzbehandlung? Die Kosten erscheinen Ihnen zu hoch? Sie sind sich trotz eines ausführlichen Gespräches mit Ihrem Zahnarzt oder Kieferorthopäden bezüglich der Notwendigkeit der Behandlung unsicher?

Klar ist, dass es viele verschiedene Auswahlmöglichkeiten bei der Therapie eines stark geschädigten oder verlorenen Zahnes gibt. Da die einzelnen Leistungen meistens mit einem hohen Eigenanteil verbunden sind, ist hier ein zweiter Kostenvoranschlag in der Regel sinnvoll. Ebenso können Zahnersatzplanungen oder KFO-Behandlungspläne mit ggf. möglichen Alternativen im Rahmen der zahnärztlichen Zweitmeinung hilfreich sein.

Sollten Sie sich eine zahnärztliche Zweitmeinung wünschen, haben Sie mehrere Möglichkeiten. Sie können eigenständig nach einem anderen Zahnarzt suchen, der Sie anhand der Heil- und Kostenpläne (ggf. Röntgenbilder) des ersten Zahnarztes berät. Ebenso können Sie vom sog. „Zweitmeinungsmodell" der Kassenärztlichen Vereinigungen und Zahnärztekammern profitieren.

6.4.1 Zahnärztliche Patientenberatung

Nachdem Sie von Ihrem Zahnarzt einen Heil- und Kostenplan für eine empfohlene Therapie (z. B. Einsatz einer Brücke) erhalten haben, können Sie zu einer zahnärztlichen Beratungsstelle gehen und sich dort zu einer bevorstehenden Behandlung beraten lassen. Wichtig ist, dass ein solcher Plan bereits vorhanden ist, da Sie die Patientenberatung ansonsten nicht wahrnehmen könnten. Die nächste Beratungsstelle können Sie im Internet unter www.patientenberatung-der-zahnaerzte.de finden. Dort können Sie bei den entsprechenden Zahnärzten einen Termin vereinbaren oder die Telefonsprechstunden zur weiteren Beratung wahrnehmen. *„Die Beratungsgespräche werden von ausgewählten Zahnärztinnen und Zahnärzten mit großer Berufserfahrung geführt. So können Sie sicher sein, eine fachlich qualifizierte Meinung zu erhalten. Die Beratungszahnärzte dürfen Patienten, die sie beraten haben, anschließend nicht selbst behandeln"*, so die Kassenzahnärztliche Bundesvereinigung. Zahnersatzgutachter beurteilen die vorgeschlagene Therapie (z. B. Implantat vs. Brücke) sowie die Kosten und empfehlen mögliche Behandlungsalternativen oder neuere Behandlungsmethoden.

Die fachlich unabhängige Beratung durch zahnmedizinische Experten erfolgt dabei kostenlos. Das Angebot richtet sich an gesetzlich und privat versicherte Patienten.

6.4.2   Auktionsportal für Zahnersatz

Auf der Internetseite www.2te-zahnarztmeinung.de besteht die Möglichkeit, einen Heil- und Kostenplan einzureichen. Anschließend können
registrierte Zahnärzte per Auktion Gegenangebote senden (kieferortho-
pädische Zahnbehandlungen sind ausgeschlossen). Die Gegenangebote
sind oftmals deutlich günstiger, jedoch mit Vorsicht zu genießen. Zum
einen hat der bietende Zahnarzt Sie noch nie persönlich gesehen. Zum
anderen fördern solche Auktionsportale die Schnäppchenjägermentalität.
Dabei ist nicht der Zahnarzt selbst ausschlaggebend, sondern der güns-
tigste Preis für den Zahnersatz. Allerdings sollte nicht der Preis alleine
zählen. Wohnortnähe, Vertrauen in den Arzt und Eindruck der Praxis
sollten ebenso in die Gewichtung und letztendlich in die Entscheidung
miteinfließen.

Wenn man sich für ein Angebot entschieden hat, muss der neue Zahnarzt einen eigenen Heil- und Kostenplan erstellen. Hier sind Ab-
weichungen vom Auktionsangebot möglich. Fällt die Planung teurer aus
als das erste Angebot, sollte man laut Stiftung Warentest eine Begründung
verlangen.

Der Norddeutsche Rundfunk (NDR) hat im Rahmen der zahnmedizinischen Auktionsportale zwei Angebote eines Implantats (5000 €
vs. 2400 €) miteinander verglichen. Hier stellte sich heraus, dass es sich
dabei um zwei völlig verschiedene medizinische Verfahren handelt: *„Bei
dem ersten Angebot wird das Implantat in den Knochen eingesetzt und das
Zahnfleisch zugenäht, damit es einheilen kann. Beim Zweiten ragt das Implantat aus dem Zahnfleisch heraus und darauf wird eine provisorische Krone
als Blende gesetzt. Diese beiden Angebote sind überhaupt nicht miteinander
vergleichbar,"* so ein Hamburger Zahnarzt.

Eine Gebühr fällt nur an, wenn Sie Ihren Heil- und Kostenplan weg-
schicken. Diese Gebühr wird in Abhängigkeit von der Gesamtsumme des
Kostenplans berechnet. Aber auch hier ist es sinnvoll, sich vorab bei der
Krankenversicherung über eine Kostenübernahme zu erkundigen. Die
Nachbehandlung muss beim behandelnden, also beim zweiten Zahnarzt
stattfinden. Ist dieser weiter entfernt, können die Gesamtkosten für den
Patienten tatsächlich höher ausfallen.

Letztendlich kann der Auktions-Preisvergleich eine gute Grundlage für die Preisverhandlung mit dem eigenen Zahnarzt sein. Er kann aber auch dabei helfen, ein Gefühl für das Preisgefüge auf dem Markt zu entwickeln. Nichtsdestotrotz sollten die Portale kritisch vom Patienten hinterfragt werden.

6.5 Zweitmeinung bei intensivmedizinischen Erkrankungen

Gerade in der intensivmedizinischen Behandlung entstehen für Angehörige der Patienten oftmals Fragen. Unzureichende Gespräche mit den behandelnden Ärzten können die Unsicherheit verstärken.

So kann es auch mal vorkommen, dass die Therapie für Intensivpatienten in die Länge gezogen wird, um die finanziellen Ressourcen auszuschöpfen. „Fehlanreize im Gesundheitssystem sind das Hauptproblem für Übertherapie auf Intensivstationen", so Europas bekanntester Palliativmediziner Prof. Gian Domenico Borsio.

Das Problem beginnt schon bei den Fehlaufnahmen. 50 % sind dabei unnötige intensivmedizinische Aufnahmen, die zu 18 % mehr Todesfällen führen. Patienten werden unnötig lange beatmet aufgrund der sog. „Beatmungshürde". Hier gibt es die Besonderheit, dass eine Beatmung bis zu 24 Stunden nicht vergütet wird. Wird eine Minute länger beatmet, können bei bestimmten Diagnosen mehr als 23.000 € berechnet werden. Über dieser Hürde sind auffällige Häufungen zu beobachten. Hinzu kommen unnötige Antibiotikagaben, Operationen und Therapien bei schwerstkranken Menschen ohne Aussicht auf Therapieerfolg. Und all das am Lebensende.

Die „Zweitmeinung intensiv" (www.zwmi.de) hat sich zur Aufgabe gemacht, die Angehörigen in dieser schwierigen Situation zu unterstützen. Der Bevollmächtigte des Patienten kann hier die Aufgabe der Einholung einer Zweitmeinung übernehmen. Es besteht die Möglichkeit, in dringenden Fällen die Ärzte telefonisch zu erreichen. Ebenso können Sie per E-Mail Kontakt mit dem Zweitmeinungsportal aufnehmen. Im Erstgespräch wird mit medizinischen Fachpflegern für Intensivmedizin die

Situation des Patienten besprochen. Wenn eine Zweitmeinungsberatung angezeigt ist, werden an Sie Formulare geschickt, die die Ärzte für die Beurteilung benötigen (u. a. Behandlungsunterlagen). Darüber hinaus wird im Erstgespräch geklärt, ob deutliche Hinweise auf eine Übertherapie oder Untertherapie (Fehlversorgung) bestehen. Stellt „Zweitmeinung intensiv" in der Beurteilung der Behandlungsunterlagen fest, dass keine Diskrepanz vorliegt, wird Ihnen das Ergebnis in schriftlicher Kurzform mitgeteilt. Sollten jedoch Diskrepanzen bestehen und die Behandlung nicht der Erreichung der Therapieziele dienen, wird dies von den Ärzten schriftlich ausformuliert. Weitere Schritte zum Vorgehen werden Ihnen ebenfalls mitgeteilt.

Die Anforderungen an die Ärzte von „Zweitmeinung intensiv" entsprechen dabei denen, die in den Richtlinien (siehe Abschn. 4.4 „Anforderungen") festgelegt wurden. Eine fachlich qualitative Beurteilung der intensivmedizinischen Situation kann somit gewährleistet werden.

Die Kosten werden von einigen gesetzlichen und privaten Krankenversicherungen übernommen. Sollte dies nicht der Fall sein, kann Ihnen „Zweitmeinung intensiv" bei der Einholung der Kostenübernahme helfen. Ebenso haben Sie die Möglichkeit, in dringenden Fällen die Kosten selbst zu übernehmen.

Fazit

Schlussendlich kann jeder – egal ob privat oder gesetzlich versichert – eine Zweitmeinung einholen. Besonders bei schwerwiegenden Operationen oder Krankheitsbildern kann eine zweite ärztliche Meinung eine wertvolle Hilfestellung geben. Die Einholung einer Zweitmeinung kann entweder vor Ort oder online über sog. Zweitmeinungsportale erfolgen. Für welche Möglichkeit Sie sich entscheiden, ist von Ihren Wünschen und Präferenzen, aber auch der Art Ihrer Erkrankung abhängig. Abb. 6.1 fasst die Möglichkeiten der Einholung einer Zweitmeinung in den vorgestellten medizinischen Bereichen übersichtlich zusammen. An dieser Stelle ist wichtig zu betonen, dass die Abbildung bzw. die vorgestellten Erkrankungen nur einen Auszug darstellen und auch in weiteren medizinischen Bereichen eine Zweitmeinung eingeholt werden kann.

Onkologische Erkrankungen	•Tumorboards in versch. Kliniken: z. B. CCC in München •Zweitmeinungsportal: www.krebszweitmeinung.de
Kardiologische Erkrankungen	•Herzzentren: z. B. Norddeutsches Herznetz •Zweitmeinungsportal: www.herzzweitmeinung.de
Orthopädische Erkrankungen	•IMC-Schmerzzentren •Behandlungspfad der konservativen Alternative (Physiotherapie + Orthopädie) •Zweitmeinungsportal: DWG oder www.zweitmeinung-arzt.de
Zahnmedizinische Erkrankungen	•Zahnärztliche Patientenberatung •Auktionsportale für Zahnärzte
Intensivmedizinische Erkrankungen	•Zweitmeinungsportal: www.zwmi.de

Abb. 6.1   Ärztliche Zweitmeinung in anderen medizinischen Bereichen (Eigene Darstellung)

7

Die ärztliche Zweitmeinung in den größten gesetzlichen Krankenkassen

7.1 Techniker Krankenkasse

Die Techniker Krankenkasse (TK) ist mit 10,7 Mio. Versicherten (Stand August 2020) die größte gesetzliche Krankenversicherung in Deutschland. Neben dem gesetzlich verbindlichen Zweitmeinungsverfahren (Mandel-OP, Schulterarthroskopie, Gebärmutterentfernung) kooperiert die Krankenkasse mit dem Zweitmeinungsportal **medexo.de**. Jedoch sind die Eingriffe, deren Zweitmeinungskosten hier übernommen werden, begrenzt. Zweitmeinungen können zu anstehenden **Wirbelsäulen- oder Gelenkersatzoperationen** (Hüfte und Knie) und zu **Herzkatheteruntersuchungen** eingeholt werden. Um das Angebot zu nutzen, müssen Sie bereits eine Krankenhausverordnung für einen operativen Eingriff oder einen Arztbrief mit der Empfehlung zu einer Operation an Rücken, Hüft- oder Kniegelenken vorliegen haben. Im Abschn. 5.1 können Sie

---

Im Rahmen dieses Kapitels besteht keine Gewähr auf Vollständigkeit. Das Kapitel wurde im August 2020 verfasst. Die Krankenkassen können die freiwilligen Satzungsleistungen jederzeit ändern. Darüber hinaus wird empfohlen, sich vor der Einholung einer Zweitmeinung bei der jeweiligen Krankenkasse über die Kostenübernahme zu informieren.

© Der/die Autor(en), exklusiv lizenziert durch Springer Fachmedien Wiesbaden GmbH, ein Teil von Springer Nature 2021
V. Nürnberg, M.-T. Meier, *Patientenrecht Zweitmeinung*,
https://doi.org/10.1007/978-3-658-14426-5_7

sich über das weitere Vorgehen zur Einholung einer Zweitmeinung bei medexo.de informieren.

Ebenso hat die TK Kooperationen mit der **IMC GmbH** (Integrative Managed Care GmbH), welche Verträge mit verschiedenen Schmerzzentren geschlossen hat. Die Zentren sind auf die Behandlung von **Rücken- und Gelenkschmerzen** spezialisiert. In Abschn. 6.3.1 können Sie sich auch hier über das weitere Vorgehen informieren.

In **Berlin und Brandenburg** haben Sie die Möglichkeit, eine Zweitmeinung zu **Rücken- und Gelenkerkrankungen** bei zwei kooperierenden **Reha-Zentren** (Reha Tagesklinik im „forum pankow" und das Reha-Zentrum Teltow) einzuholen. Wenn Sie vor einem operativen Eingriff an der Wirbelsäule oder vor einer Gelenkersatzoperation an Knie, Schulter oder Hüfte stehen, können Sie hier einen Termin vereinbaren.

Bei **Hodentumoren, Eierstock-, Eileiter- oder Bauchfellkrebs** haben die behandelnden bzw. indikationsstellenden Fachärzte die Möglichkeit, eine zweite Meinung eines weiteren Spezialisten einzuholen. Der Arzt kann den Therapieplan für die Erst- oder Weiterbehandlung von Krebsspezialisten an Universitätskliniken auf den neuesten Stand der Forschung überprüfen lassen. Dazu lädt der Arzt die Unterlagen des Patienten in einem speziellen Zweitmeinungsportal hoch und kann sich anhand eines „Telekonsils" telefonisch von einem Spezialisten beraten lassen. Ob Ihr behandelnder Arzt den Ratschlägen folgt, liegt in seinem Ermessen. In der Regel wird aber eine gemeinsame Entscheidung zwischen Arzt und Zweitmeiner getroffen. Das Angebot können Sie nur wahrnehmen, wenn Sie sich in einer der am Vertrag beteiligten Kliniken oder Praxen behandeln lassen. Welche Ärzte am Versorgungsangebot teilnehmen, erfahren Sie in der Patienten-Hotline der Krankenkasse.

7.2 BARMER

Die BARMER Krankenkasse ist mit 9 Mio. Versicherten (Stand August 2020) die zweitgrößte gesetzliche Krankenkasse in Deutschland. Die Krankenversicherung hat in ihren Satzungsleistungen verschiedene Eingriffe integriert, bei denen eine Zweitmeinung übernommen wird. Um eine Zweitmeinung zu verschiedenen Erkrankungen einzuholen, empfiehlt die BARMER zunächst den Anruf beim „Teledoktor". Der Arzt ermöglicht Ihnen in der Regel innerhalb einer Woche den Zweitmeinungstermin, sichtet dabei die bisherigen Befunde und Therapieempfehlungen und berät Sie umfassend über die Behandlungsoptionen. Dieser Teledoktor kann Ihnen bei sämtlichen Erkrankungen bzw. Operationen weiterhelfen. Die BARMER hat darüber hinaus besondere Zweitmeinungsangebote bei geplanten Rücken- oder Knieoperationen sowie vor einer Behandlung mit Zahnersatz oder bei Zahnfehlstellungen.

Im Rahmen des Programms **BARMER ProRücken** wurde bundesweit mit qualifizierten Orthopäden und Rückenspezialisten ein Vertrag geschlossen. Das Programm hat zum Ziel, **Rückenbeschwerden** durch individuell abgestimmte Behandlungsangebote und spezielle Therapie- und Trainingsprogramme möglichst nachhaltig zu bessern. Welche Ärzte in der Nähe Ihres Wohnortes das Zweitmeinungsverfahren durchführen, kann – laut der Internetseite der BARMER – beim Teledoktor ausfindig gemacht werden.

Die Krankenkasse bietet ebenso eine Zweitmeinung zu **zahnmedizinischen bzw. kieferorthopädischen Erkrankungen** und bevorstehenden Operationen an. Auch hier müssen Sie für weitere Informationen beim Teledoktor der BARMER anrufen. Sie können sich entweder nach Übermittlung des Heil- und Kostenplanes zu Ihrer Behandlung oder zu allgemeinen Fragen beraten lassen. Die Experten beantworten u. a. Fragen zu: Methoden der Behandlung; Wahl der Leistung; Zahnersatz (Brücke, Krone etc.); grundsätzliche Hinweise zu Kosten; Eigenkosten für besondere Therapieformen und der alternativen Versorgung.

Des Weiteren können Sie zu **Knieoperationen infolge von Knieverletzungen** (z. B. durch Sturz oder einen Unfall) eine ärztliche Zweitmeinung einholen. Um dieses Angebot wahrzunehmen, wird auch in diesem Fall dazu geraten, den Teledoktor der BARMER anzurufen. So können Sie sich zunächst über das Zweitmeinungsverfahren informieren und sich ggf. zu einem renommierten Kniespezialisten vermitteln lassen. Bei welchen Spezialisten die Kosten der Zweitmeinung übernommen werden, können Sie auf der Internetseite unter „Weitere BARMER Leistungen" – „Zweitmeinung" einsehen.

7.3   DAK Gesundheit

Auch die DAK Gesundheit bietet für ihre insgesamt 5,6 Mio. Versicherten (Stand August 2020) besondere Versorgungsangebote im Hinblick auf die ärztliche Zweitmeinung an. Patienten, die vor einer orthopädischen Operation oder intensivmedizinischen Behandlung stehen, können die Angebote der DAK nutzen.

Wenn Sie eine **orthopädische Zweitmeinung**, z. B. bei Rückenschmerzen, Hüftbeschwerden oder Knieproblemen, in Anspruch nehmen wollen, können Sie sich als DAK-Versicherter kostenlos eine Zweitmeinung bei betterdoc.org erstellen lassen. Weitere Informationen dazu finden Sie in Abschn. 5.2.

Außerdem kooperiert die DAK mit **„Zweitmeinung intensiv".** Wenn Sie als Bevollmächtigter eine Zweitmeinung zu der **intensivmedizinischen Therapie** eines Angehörigen wollen, können Sie das Angebot des Zweitmeinungsportals kostenlos wahrnehmen. Die DAK übernimmt sämtliche Kosten für das Zweitmeinungsverfahren. Auch hierzu finden Sie weitere Informationen in Abschn. 6.5.

Neben diesen Angeboten können Sie als Versicherter auch den Arztfinder in Anspruch nehmen. Unter dem Punkt **„Spezialistensuche"** können Sie bei einem Facharzt in Ihrer Nähe einen Termin zur Zweitmeinung vereinbaren. Die DAK übernimmt auch diese Kosten.

7.4   AOK Bayern

Die AOK Bayern ist mit ca. 4,5 Mio. Versicherten (Stand August 2020) die viertgrößte Versicherung in Deutschland. Bei der Diagnose Krebs und vor dem Einsatz eines künstlichen Kniegelenkes können Sie als Versicherter besondere Unterstützung anfordern.

Bezüglich **onkologischer Erkrankungen** kooperiert die AOK Bayern mit dem **Universitätsklinikum Erlangen**. Sie verfügen über ein Zentrum speziell zur Behandlung von Krebserkrankungen (Comprehensive Cancer Center). Fachübergreifend beraten verschiedene Experten in den sog. Tumorkonferenzen über Ihre Diagnose. Sie müssen dabei nicht vor

Ort sein. Wenige Tage nach der Konferenz erhalten Sie eine schriftliche Zweitmeinung per Post zugeschickt. Für die onkologische Zweitmeinung können Sie sich beim Universitätsklinikum Erlangen telefonisch anmelden und bekommen dann die Unterlagen zugeschickt, die Sie ausgefüllt, zusammen mit den Befunden, wieder zurückschicken müssen. Weiterführende Informationen zu den Tumorboards finden Sie in Abschn. 6.1.

Die AOK Bayern bietet außerdem eine kostenlose Zweitmeinung zum **Einsatz eines künstlichen Kniegelenks**, z. B. aufgrund einer Kniegelenksarthrose, an. Die Fachärzte der Klinik und Poliklinik für Orthopädie, Physikalische Medizin und Rehabilitation am Klinikum der Universität München (Großhadern) beurteilen anhand Ihrer Unterlagen die medizinische Notwendigkeit der Operation. Desgleichen werden Sie über Risiken und Chancen weiterer Behandlungsmöglichkeiten aufgeklärt. Auch hier können Sie telefonisch einen Termin zur Zweitmeinung vereinbaren. Am Zweitmeinungstermin werden Sie vor Ort umfassend untersucht.

Medizinische Fragen bezüglich einer komplexen Erkrankung bzw. einer bevorstehenden Operation können auch am Telefon durch den Informationsservice **„AOK-Clarimedis"** beantwortet werden. Dieses Angebot kann bundesweit von allen AOK-Versicherten kostenlos in Anspruch genommen werden. Ein Team aus Fachärzten, Krankenschwestern und Pharmakologen hilft Ihnen bei folgenden Themen weiter: verständliche Erklärungen von Diagnosen, medizinischen Fachbegriffen und Laborwerten; Inhalte von Therapien und mögliche Alternativen; Wirkung, Neben- oder Wechselwirkungen von Medikamenten; Ansprechpartner und Detailinformationen zu Fachärzten und Spezialkliniken; Adressen und Ansprechpartner von Selbsthilfegruppen.

Fazit

Viele Krankenversicherungen bieten mittlerweile eine kostenlose Einholung einer Zweitmeinung zu sämtlichen Erkrankungen an. Hier ist zu empfehlen, dass Sie sich vorab bei Ihrer Krankenkasse informieren, welche Möglichkeiten Ihnen zur Verfügung stehen und wo Sie die Zweitmeinung einholen können. Fragen Sie nach, ob alle Kosten übernommen werden oder ob nicht doch Kosten für Sie entstehen können. Zum Teil haben die einzelnen Krankenkassen Kooperationen mit speziellen zweitmeinungsgebenden Ärzten bzw. Kliniken oder Zweitmeinungsportalen. So können v. a. Patienten mit einer komplexen Erkrankung und/oder einer bevorstehenden Operation von den Versorgungsangeboten profitieren. Auch die Krankenversicherungen selbst bieten Services an, bei denen Sie sich über Ihr Krankheitsbild und die damit verbundenen Therapien näher informieren können. Das Projekt der Techniker Krankenkasse zur Einholung einer Zweitmeinung bei Hodentumoren zeigt, dass auch die indikationsstellenden Ärzte die Möglichkeit haben, eine zweite Meinung bei einem Kollegen einzuholen. Viele Ärzte sehen sich hier in ihrer Kompetenz angegriffen. Doch gerade ein solches Angebot kann sich die schnell voranschreitende medizinische Entwicklung im interkollegialen Austausch zunutze machen. Eine Absicherung bezüglich der Therapie durch einen erfahrenen Kollegen kann durchaus Sicherheit geben.

Da es für Eingriffe, die nicht in den Richtlinien zum Zweitmeinungsverfahren geregelt sind, keine Qualitätsvorgaben gibt, ist die Wahl des Zweitgutachters immer zu hinterfragen.

Die Krankenkassen sind dazu angehalten, sukzessive mehr Eingriffe und spezielle Behandlungsangebote in die Satzungsleistungen mit aufzunehmen. Hier sollte die KV auch sicherstellen, dass diese Angebote eine hohe Qualität zur Abgabe einer Zweitmeinung (gemäß den G-BA-Richtlinien) vorweisen können.

Die Einholung einer Zweitmeinung wird immer beliebter, v. a. aufgrund der steigenden Anzahl an Operationen in verschiedenen medizinischen Bereichen. Nicht nur die Patienten können von einer Behandlungsalternative profitieren. Durch Kosteneinsparungen aufgrund der Reduzierung von komplexen Operationen können auch die gesetzlichen Krankenkassen ihren Nutzen aus dem Zweitmeinungsverfahren ziehen.

Abb. 7.1 verschafft Ihnen einen kurzen Überblick über die vorgestellten Leistungsangebote, die die größten deutschen GKV in ihren Satzungsleistungen zusätzlich anbieten.

Abb. 7.1 Ärztliche Zweitmeinung in den größten deutschen GKV (Eigene Darstellung)

Literatur

AOK – Die Gesundheitskasse. (o. J. -a). *AOK-Clarimedis: Infos am Telefon.* https://www.aok.de/pk/bayern/inhalt/medizinische-informationen-am-telefon-aok-clarimedis-13/. Zugegriffen am 21.08.2020.

AOK – Die Gesundheitskasse. (o. J. -b). *Ärztliche Zweitmeinung.* https://www.aok.de/pk/bayern/inhalt/aerztliche-zweitmeinung-3/. Zugegriffen am 21.08.2020.

BARMER. (o. J.). *Zweitmeinung*. https://www.barmer.de/unsere-leistungen/leistungen-a-z/weitere-leistungen/zweitmeinung-8574. Zugegriffen am 21.08.2020.

8

Die ärztliche Zweitmeinung in der privaten Krankenversicherung

Das GKV-Versorgungsstärkungsgesetz (2015), das das Zweitmeinungsverfahren rechtlich festgelegt hat, gilt – wie der Name bereits verrät – nur für gesetzlich Versicherte. Nichtsdestotrotz haben Sie natürlich auch als Privatpatient die Möglichkeit, eine ärztliche Zweitmeinung einzuholen.

Kurz zum Verständnis: Als Privatpatient haben Sie grundsätzlich die freie Wahl unter allen Ärzten und Krankenhäusern. Sie können auch ohne Überweisung jederzeit einen Arzt Ihrer Wahl aufsuchen, sofern Sie nicht einen an eine spezielle Arztbindung gekoppelten Tarif abgeschlossen haben. Außerdem haben Sie einen Rechtsanspruch auf die im Versicherungsvertrag vereinbarten Leistungen. Die Aufwendungen für eine medizinisch notwendige Heilbehandlung müssen dabei von Ihrer Privatversicherung erstattet werden. „Medizinisch notwendig" ist eine Behandlung nur, wenn folgende Voraussetzungen erfüllt werden:

- Es muss tatsächlich eine Krankheit vorliegen.
- Die diagnostischen Maßnahmen müssen objektiv geeignet sein, die Krankheit zu erkennen bzw. Behandlungsmöglichkeiten aufzuzeigen.
- Die daraus abgeleiteten therapeutischen Maßnahmen müssen geeignet sein, wahrscheinlich zu einer Heilung oder Linderung der Krankheit

V. Nürnberg, M.-T. Meier, *Patientenrecht Zweitmeinung*,
https://doi.org/10.1007/978-3-658-14426-5_8

zu führen oder aber ihre Verschlimmerung zu verhindern. Die Behandlung muss also zur Erkrankung passen und sie muss von der Fachwelt als erfolgversprechend angesehen sein.

Wichtig ist also, dass die Behandlung von Ihrem Versicherungsschutz abgedeckt und medizinisch notwendig ist. Neben schulmedizinischen Behandlungen werden auch die Kosten für solche Behandlungen erstattet, die sich „in der Praxis als ebenso erfolgversprechend bewährt haben". Damit können neue Arzneimittel, innovative Diagnoseverfahren oder auch neue Behandlungsmethoden gemeint sein.

Als Exkurs hierzu: Die Voraussetzungen zu „medizinisch notwendig" sind hier klar von der tatsächlichen medizinischen Notwendigkeit abzugrenzen. Denn ob der Arzt nun rein aus finanziellen Gründen handelt oder tatsächlich die medizinische Notwendigkeit in einem Eingriff sieht, obliegt seiner Entscheidung. Deshalb ist es immer sinnvoll, gerade bei komplexen Erkrankungen eine ärztliche Zweitmeinung einzuholen

Die Bezahlung erfolgt in der PKV dabei im ersten Schritt privat. Was und wie viele Leistungen und Meinungen eingeholt werden, steht Ihnen also frei. Der Arzt rechnet nach der jeweiligen Gebührenordnung oder der Honorarvereinbarung ab und Sie gehen in Vorauskasse, indem Sie die Rechnung bei Ihrer Krankenversicherung einreichen. Was Sie nun rückerstattet bekommen, hängt vom Tarif ab. In vielen Verträgen ist dabei die Einholung einer ärztlichen Zweitmeinung integriert. Die Kosten müssen also in diesem Fall übernommen werden.

Ähnlich den gesetzlichen Krankenkassen kooperieren auch die privaten Krankenkassen mit verschiedenen Zweitmeinern und bieten ihren Versicherten besondere Versorgungsstrukturen an.

So hat die größte deutsche PKV **Debeka** u. a. einen Vertrag mit den **MEDIAN Kliniken** geschlossen. Bei **psychischen und psychosomatischen Erkrankungen** können Sie eine Zweitmeinung bezüglich der Therapieoptionen bei Fachärzten, Psychologen und psychologischen Psychotherapeuten der MEDIAN Kliniken einholen. Anhand einer zweistündigen Besprechung mit Ihnen werden der aktuelle Behandlungsbedarf und die richtige Versorgungsform abgeklärt. Sie bekommen am Ende einen schriftlichen Bericht mit einer möglichen Empfehlung zur weiteren Therapie. Je nach Ergebnis unterstützen die Kliniken Sie bei der anschließenden Umsetzung der Empfehlungen. Neben dem Kooperationsvertrag mit den MEDIAN Kliniken bestehen noch weitere Kooperationen in verschiedenen medizinischen Gebieten. Hier können Sie sich auf der Website der Debeka informieren oder telefonisch Kontakt aufnehmen.

Die **DKV** bietet Ihnen als Versichertem z. B. eine kostenlose Zweitmeinung zu **komplexen zahnärztlichen Behandlungen** an. Anhand der Heil- und Kostenpläne werden unterschiedliche Behandlungsmethoden und -alternativen sowie deren Vor- und Nachteile gegeneinander abgewogen. Die Behandlungskosten und der damit verbundene Eigenanteil können dadurch erheblich beeinflusst werden.

Die **AXA-Krankenversicherung** kooperiert mit dem Zweitmeinungsportal von betterdoc.org (siehe Abschn. 5.2). Hier können Sie sich zu Ihrer individuellen Erkrankung online beraten lassen. Das Portal hilft Ihnen auf Grundlage Ihrer Unterlagen, den Arzt zu ermitteln, der für Ihre Erkrankung die notwendige Erfahrung besitzt.

Fazit

Das Prinzip zur Einholung einer ärztlichen Zweitmeinung in der PKV ist dem der GKV sehr ähnlich. Wichtig ist auch hier, dass Sie sich im Vorfeld bei Ihrer Krankenkasse über die Kostenübernahme informieren. Oftmals bestehen zwischen den Krankenversicherungen und Zweitmeinern spezielle Kooperationen, die Ihnen die kostenlose Einholung einer Zweitmeinung ermöglichen. Zudem können über spezielle Suchmaschinen der einzelnen PKV Fachärzte für Ihre Erkrankung gesucht und kontaktiert werden. Honorarkostenvergleiche sind mit Vorsicht zu genießen, da nur die Kosten miteinander verglichen werden – die eigentliche Indikationsstellung wird dabei nicht überprüft.

In der Regel bietet jede Krankenversicherung einen Zweitmeinungsservice an. Scheuen Sie sich also nicht, bei Ihrer Krankenkasse nachzufragen, sobald Unsicherheiten bezüglich Ihrer Erkrankung oder der empfohlenen Therapie bestehen.

9

Die ärztliche Drittmeinung

Die Zweitmeinung stimmt mit der Erstmeinung überein? Gut, denn so haben Sie die Gewissheit, dass die Diagnose, die gestellt wurde, bzw. die Operation oder Therapie, die empfohlen wurde, mit hoher Wahrscheinlichkeit die richtige ist. Sie haben nun also die Möglichkeit, den Eingriff oder die Therapie beim erstbehandelnden Arzt durchführen zu lassen. Der Gesetzgeber gibt bei einer Mandel-OP, Schulterarthroskopie sowie einer Gebärmutterentfernung vor, dass die Therapie/Operation nicht beim Zweitmeiner durchgeführt werden darf. Bei anderen Eingriffen haben Sie faktisch die freie Wahl, für welchen Arzt Sie sich letztendlich entscheiden. In vielen Fällen kann Ihnen der Zweitmeiner Tipps zum weiteren Vorgehen geben.

Schwieriger gestaltet sich die Situation, wenn Erst- und Zweitmeinung nicht übereinstimmen. Hier muss zunächst zwischen den verschiedenen Erkrankungen unterschieden werden. Bekommen Sie z. B. bei einer Erkrankung am Bewegungsapparat von Arzt A die Empfehlung für eine Operation, von Arzt B die Empfehlung einer konservativen Therapie, ist gewöhnlich die konservative Therapie vorzuziehen. Dies gilt insbesondere für weniger vorangeschrittene Phasen der Erkrankung. Sollten die Schmerzen mit einer konservativen Therapie nicht besser werden, kön-

© Der/die Autor(en), exklusiv lizenziert durch Springer Fachmedien Wiesbaden GmbH, ein Teil von Springer Nature 2021
V. Nürnberg, M.-T. Meier, *Patientenrecht Zweitmeinung*,
https://doi.org/10.1007/978-3-658-14426-5_9

nen Sie erneut eine weitere Meinung bei einem Spezialisten einholen. In diesem besonderen Fall übernehmen einige Krankenkassen die Kosten für die Einholung einer Drittmeinung. (Achtung: Holen Sie unmittelbar nach der Zweit- eine Drittmeinung ein, muss die Krankenkasse die Kosten nicht übernehmen!)

Darüber hinaus gibt es Situationen, z. B. bei onkologischen oder kardiologischen Erkrankungen, in denen sich die Therapieentscheidung besonders schwierig gestaltet. Weichen auch noch Erst- und Zweitmeinung voneinander ab, ist die Unsicherheit der Patienten groß.

In der Regel gibt Ihnen auch hier der zweitmeinungsgebende Arzt Informationen zum weiteren Vorgehen und lässt Sie nicht mit der Therapieempfehlung alleine. Im Zweitmeinungsgespräch sollten alle aufkommenden Fragen, die z. B. im Gespräch mit dem indikationsstellenden Arzt gar nicht oder nicht zufriedenstellend beantwortet wurden, ausführlich geklärt werden. Als mögliche Hilfestellungen können Ihnen sog. Entscheidungshilfen oder Fragelisten für den Arzt (siehe Kap. 10) dienen. Somit können Sie im besten Fall nach der Zweitmeinung mit genügend Informationen eine für Sie passende Entscheidung treffen. Der Zweitmeiner kann auch auf Wunsch die schriftliche Stellungnahme an den indikationsstellenden Arzt schicken. Die Empfehlung können Sie dann mit dem Erstmeiner besprechen.

Sollte allerdings der Fall auftreten, dass der Zweitmeiner lediglich eine Beurteilung der Diagnose/Operation/Therapie abgibt und Sie – trotz Nachfrage beim zweiten Arzt – nicht wissen, wie Sie weiterverfahren sollen, haben Sie die Möglichkeit zur Einholung einer Drittmeinung. Aufgrund des Rechts auf freie Arztwahl besteht diese Möglichkeit jederzeit. Wollen Sie beispielsweise aufgrund von mangelndem Vertrauen eine dritte ärztliche Meinung einholen, so können Sie das natürlich machen. Doch auch hier ist darauf zu achten, dass die gesetzlichen Krankenkassen nicht dazu verpflichtet sind, die Kosten zu übernehmen. Nachfragen lohnt sich. Werden die Kosten nicht übernommen, haben Sie noch die Möglichkeit, selbst dafür aufzukommen.

Integrierte Versorgungsangebote der Krankenkassen sollten dabei viel mehr in den Vordergrund komplexer Erkrankungen rücken. Denn genau so kann die Unsicherheit der Patienten bezüglich ihrer Diagnose und einer empfohlenen Therapie vermieden werden. Durch die interdisziplinäre und patientenorientierte Versorgung kann eine lückenlose Prozesskette von der Diagnose bis zur Therapie sowie der Nachbetreuung garantiert werden. Doppel- und Mehrfachuntersuchungen können so verhindert werden und der Patient wird in keinem Stadium seiner Therapie alleine gelassen. Durch die fachübergreifende Zusammenarbeit können verschiedene Expertisen in die Zweitmeinung miteinfließen. Die Patienten bekommen dabei eine ausführliche Beratung und je nach Erkrankung eine individuelle Therapie. Die Angebote sind von Krankenkasse zu Krankenkasse unterschiedlich. Summa summarum bietet ein Großteil der Krankenkassen ein breit gefächertes Portfolio an Versorgungsangeboten zu vielen Krankheitsbildern an.

Fazit

Es erscheint als besonders wichtig, die Patienten in keine Versorgungslücke zwischen Therapieempfehlung und der Durchführung der Therapie fallen zu lassen. Das Risiko ist besonders bei unterschiedlicher Erst- und Zweitmeinung hoch. Der Patient benötigt spätestens nach der Zweitmeinung eine klare Empfehlung. Der Schritt zur richtigen Therapie ist dabei nicht immer leicht. Eine Drittmeinung kann möglicherweise die letzten Zweifel beseitigen.

Die integrierte Versorgung, die verschiedene Krankenkassen kostenlos anbieten, stellt eine gute Möglichkeit dar, um die Patienten individuell und koordiniert in die Eigenaktivität zu begleiten. Ein solches Angebot schließt außerdem aus, dass die Patienten mit ihrer Unsicherheit alleine gelassen werden.

10

Weiterführende Informationen

10.1 Entscheidungshilfen

Sollten Sie sich nach dem Gespräch mit dem indikationsstellenden Arzt bzw. mit dem zweitmeinungsgebenden Arzt bezüglich Ihrer Diagnose oder der Therapie unsicher sein, können Entscheidungshilfen die letzten Fragen beantworten. Diese Hilfsmittel unterstützen Sie auf der Grundlage verschiedener Gesichtspunkte dabei, eine Entscheidung zu treffen. Neben Informationen zu Risiken einer Operation werden auch die Alternativen zu einer Operation sowie den damit verbundenen Folgen thematisiert. Die Hilfen können Ihnen nach der Diagnose eine erste Orientierung geben.

Darüber hinaus können Sie anhand der Entscheidungshilfen informierter in das Arzt-Patienten-Gespräch gehen (sei es mit dem erstbehandelnden oder dem zweitmeinungsgebenden Arzt) und weitere Fragen und Unklarheiten durch den Arzt klären lassen. Wichtig ist zu betonen, dass die Entscheidungshilfen in keinem Fall den persönlichen Kontakt mit dem Arzt ersetzen.

Entscheidungshilfen als Grundlage für die Therapieentscheidung und das Gespräch mit dem Arzt:

© Der/die Autor(en), exklusiv lizenziert durch Springer Fachmedien Wiesbaden GmbH, ein Teil von Springer Nature 2021
V. Nürnberg, M.-T. Meier, *Patientenrecht Zweitmeinung*,
https://doi.org/10.1007/978-3-658-14426-5_10

- www.gesundheitsinformationen.de: eingriffsspezifische Entscheidungshilfen
- www.share-to-care.de (Achtung: Hierzu muss Ihr/e Arzt/Klinik am Programm teilnehmen. Derzeit wird das Programm am UKSH Kiel sowie in der hausärztlichen Versorgung in Bremen implementiert. Die Login-Daten für die Entscheidungshilfen bekommen Sie von Ihrem Arzt).

Entscheidungshilfen bei psychischen Erkrankungen (Depressionen, generalisierte Angststörungen, Psychosen, Rückkehr zur Arbeit):

- http://www.psychenet.de/psychische-gesundheit.html

Entscheidungshilfen zu verschiedenen Erkrankungen (deutsch und englisch):

- www.patient-als-partner.de

Entscheidungshilfen zur Vermeidung von Übermedikation (englisch):

- www.medstopper.com

10.2 Checkliste für ein gutes Zweitmeinungsgespräch

Eine zielgerichtete und wertschätzende Arzt-Patienten-Kommunikation kann viele positive Auswirkungen auf den Patienten haben. So kann das Vertrauen zwischen Arzt und Patient steigen und damit einhergehend die „Patientencompliance", also das gesundheitsrelevante Verhalten, sich verbessern(mehr dazu in Abschn. 13.3). Dies hat wiederum positive Auswirkungen auf den Therapieerfolg.

Wenn Sie vom indikationsstellenden Arzt nicht gut beraten werden, sind Sie wahrscheinlich verunsichert. Sie haben nun viele Fragen, die Sie im Zweitmeinungsgespräch klären wollen. Auf www.gesundheitsinformation.de/frageliste können Sie eine Liste möglicher Fragen zusammenstellen, die Ihr Arzt im Gespräch beantworten soll. Ebenso besteht die Möglichkeit, dass Sie anhand der Entscheidungshilfe (siehe Abschn. 10.2) entsprechende Fragen stellen.

Die folgende Liste soll Ihnen als Hilfestellung dienen, um die Qualität der Zweitmeinungsberatung besser beurteilen zu können.

Allgemeines Verhalten des Arztes:
Der Arzt zeigt Interesse an meinen Problemen und nimmt meine Sorgen ernst.
Der Arzt stellt offene Fragen und lässt mich ausreden.
Der Arzt geht auf meine Fragen ein und beantwortet diese ausführlich.
Der Arzt benutzt eine patientengerechte Sprache (nicht viele Fachbegriffe, leicht und verständlich).
Der Arzt behandelt mich freundlich, respektvoll und wertschätzend.
Der Arzt kooperiert ggf. mit anderen Fachgebieten (Physiotherapeuten, Radiologen, anderen Fachärzten).
Der Arzt bringt sein Fachwissen in das Gespräch ein.
Bezüglich der Zweitmeinung:
Der Arzt berücksichtigt die Befunde des ersten Arztes, meinen Krankheitsverlauf sowie meine Wünsche und Präferenzen.
Der Arzt nimmt evtl. weitere körperliche Untersuchungen vor. (ACHTUNG: Weiterführende bildgebende oder invasive Untersuchungen dürfen nicht vom Zweitmeiner durchgeführt werden).
Der Arzt zeigt mögliche Behandlungsoptionen/-alternativen auf.
Der Arzt gibt mir eine klare und leicht verständliche Therapieempfehlung (mündlich und schriftlich).
Ich treffe gemeinsam mit dem Arzt die Therapieentscheidung.
Der Arzt gibt mir Informationen zum weiteren Vorgehen und lässt mich nicht mit der Therapieentscheidung alleine.

10.3 Links zur Patientenberatung

Hier finden Sie weitere Internetlinks, die Ihnen Informationen und Hilfestellungen rund um Ihre Erkrankung geben können. Alle Angebote sind kostenlos.

- www.gesund-bund.de: leicht verständliche Gesundheitsinformationen (ICD-Codes, fachlich geprüfte Informationen zu Krankheiten).

- www.patienten-beratung.de: unabhängige Patientenberatung zu verschiedenen Themen (Arzneimittel, Befunderläuterung, Behandlungsfehler, Patientenrechte, Suche nach Arztpraxen usw.).
- www.washabich.de: Befunde werden in eine verständliche Sprache übersetzt.
- www.patienten-information.de: ärztliches Wissen aus Expertenleitlinien für Patienten laiengerecht übersetzt.
- www.cochrane.org/de/evidence: aktuelle Studien zu verschiedenen Diagnosen/Therapien/Operationen in laienverständlicher Sprache.
- www.sylvia-saenger.de/patientenwegweiser: Wegweiser zu allen Fragen rund um Erkrankungen, Arztbesuche, Patientenrechte usw.
- www.weisse-liste.de: (Fach-)Arztsuche, telefonische Beratung bei gesundheitlichen und gesundheitsrechtlichen Fragen u. v. m.

11

Zum wissenschaftlichen und rechtlichen Hintergrund

Dieses und die folgenden Kapitel dienen der vertiefenden Auseinandersetzung mit dem Thema „Ärztliche Zweitmeinung". Dabei greifen einzelne Abschnitte Informationen der vorangegangenen Kapitel auf und beleuchten sie mit wissenschaftlichen und rechtlichen Hintergründen.

Dazu wird zunächst das Recht auf ärztliche Zweitmeinung, das im Versorgungsstärkungsgesetz integriert ist, in seine einzelnen Bestandteile zerlegt und anhand verschiedener Begriffsbestimmungen näher definiert. Infolgedessen stellt ein Abschnitt die Richtlinien des Gemeinsamen Bundesausschusses dar, der vom Gesetzgeber die Aufgabe erhalten hat, das Zweitmeinungsverfahren auszugestalten. Neben Aufgaben und Anforderungen an den indikationsstellenden und den zweitmeinungsgebenden Arzt werden in den Richtlinien die Eingriffe mit Recht auf Zweitmeinung angeführt.

Nachdem das Recht auf Zweitmeinung ausführlich dargestellt wurde, folgt ein Exkurs zum Arzt-Patienten-Verhältnis, das nicht nur im Rahmen der ärztlichen Zweitmeinung, sondern auch für das Erstgespräch relevant ist. Vertrauen, die besondere Kommunikation sowie die Rolle des Arztes und die des Patienten werden in diesem Kapitel näher analysiert.

V. Nürnberg, M.-T. Meier, *Patientenrecht Zweitmeinung*,
https://doi.org/10.1007/978-3-658-14426-5_11

Bezogen auf die ärztliche Zweitmeinung ist die Thematik rund um die steigenden Zahlen der Operationen äußerst wichtig. Um ein umfassendes Verständnis für das Zweitmeinungsverfahren zu garantieren sowie dessen Gebrauch besser zu verstehen, wird auf Fallpauschalsystem, Mindestmengen und Zielvereinbarungen eingegangen.

Es folgen ein Kapitel zu Vor- und Nachteilen des Zweitmeinungsverfahrens sowie Studien zur Nutzung der ärztlichen Zweitmeinung.

Im letzten Schritt werden die wesentlichen Punkte des Rechts auf ärztliche Zweitmeinung, die Konsequenzen sowie ein Ausblick auf mögliche Entwicklungen im Hinblick auf das Zweitmeinungsverfahren dargelegt.

11.1   Rechtlicher Hintergrund zum Zweitmeinungsverfahren

Es besteht eine Vielzahl an Maßnahmen, Regelungen und Gesetzen zum Schutz der Patienten im deutschen Gesundheitswesen. Eines davon ist das sog. Patientenrechtegesetz (§ § 630a BGB f.), das im Februar 2013 in Kraft getreten ist. Dieses Gesetz bekommt durch die sich verändernde Rolle der Patienten immer mehr Bedeutung. Die Patienten sind nicht mehr vertrauende Kranke, sondern auch *„selbstbewusste Beitragszahler und kritische Verbraucher"* (Bundesministerium für Gesundheit 2014). Die Position der Patienten gegenüber den Leistungserbringern und Krankenkassen wurde durch das Gesetz gestärkt. Denn die Patienten haben seitdem mehrere Ansprüche – sei es bei der Patienteninformation, bei Behandlungsfehlern, den fachlichen Standards, bei der Behandlung, der Dokumentationspflicht oder der Einsichtnahme in die Patientenakte.

Die behandelnden Ärzte müssen diese Regelungen und Gesetze, einschließlich des Patientenrechtegesetzes, beachten und dementsprechend umsetzen. Der Behandlungserfolg sollte somit garantiert werden und unerwünschte Ergebnisse so gut wie möglich vermieden werden (Bundesministerium für Gesundheit 2014).

Das Versorgungsstärkungsgesetz der Gesetzlichen Krankenkassen trägt u. a. dazu bei, diese Patientenversorgung weiterhin zu verbessern und die Rechte der Patienten zu stärken (Bundesministerium für Gesundheit 2015). Im Rahmen dessen wurde erstmals das ärztliche Zweitmeinungs-

verfahren in § 27b SGB V eingeführt. Der zentrale Paragraf zum Zweitmeinungsverfahren wird in diesem Kapitel zunächst in seine einzelnen
Bausteine zerlegt und erklärt.

Das GKV-Versorgungsstärkungsgesetz ist am 23. Juli 2015 in Kraft
getreten und zielt im Wesentlichen darauf ab, die versorgungspolitischen
Strukturen im Gesundheitswesen zu verbessern. Wichtige Punkte sind
die Sicherstellung der ambulanten medizinischen Versorgung, die Verbesserung des Zugangs zu ärztlichen Leistungen, die Ausweitung der
Leistungsansprüche sowie die Förderung innovativer Versorgungsformen.
Die sogenannte „ärztliche Zweitmeinung" wird unter der Ausweitung
der Leistungsansprüche verortet und in § 27b Fünftes Buch des Sozial-
gesetzbuches niedergeschrieben. In § 27b SGB V wird in Absatz 1 das
„Recht auf ärztliche Zweitmeinung" folgendermaßen definiert:

> *„¹Versicherte, bei denen die **Indikation** zu einem **planbaren Eingriff**
> gestellt wird, bei dem insbesondere im Hinblick auf die zahlenmäßige
> Entwicklung seiner Durchführung die Gefahr einer **Indikationsaus-
> weitung** nicht auszuschließen ist, haben Anspruch darauf, eine **un-
> abhängige ärztliche Zweitmeinung** bei einem Arzt oder einer Ein-
> richtung nach Absatz 3 einzuholen. ²Die Zweitmeinung kann nicht bei
> einem Arzt oder einer Einrichtung eingeholt werden, durch den oder
> durch die der Eingriff durchgeführt werden soll."*

Um ein umfassendes Verständnis für die Thematik zu garantieren,
werden die fett gedruckten Begriffe im folgenden Abschnitt genauer
erläutert.

Versicherte

In § 27b Absatz 1 wird von „Versicherten" gesprochen, damit sind im
Rahmen des VSG die gesetzlich Versicherten gemeint. In Deutschland
sind Arbeitnehmer, Auszubildende, Rentner sowie freiwillig versicherte
Mitglieder einer gesetzlichen Krankenkasse verpflichtet, Beiträge zu leisten. Im Gegenzug dazu erhalten sie einen Anspruch auf bestimmte Leistungen, die im Fünften Sozialgesetzbuch niedergeschrieben sind und mit
sog. „Mehrleistungen" individuell ergänzt werden können. Im Unter-
schied zu anderen Ländern muss jeder in Deutschland krankenversichert
sein. Liegt der Verdienst in einem Job unter der Jahresverdienstgrenze, ist

man in der gesetzlichen Krankenkasse pflichtversichert. Verdient man hingegen mehr als von dieser Grenze vorgegeben, kann man sich freiwillig gesetzlich oder privat krankenversichern (Verband der Ersatzkassen 2020).

Indikation

Definiert die Indikation (lat. indicare = anzeigen) als *„[…] eine fachlich begründete Einschätzung, dass eine ärztliche Maßnahme sinnvoll und hilfreich ist, um ein Behandlungsziel mit einer bestimmten Wahrscheinlichkeit zu erreichen".* Es wird also am Anfang der Therapie eine Entscheidung getroffen, die eine medizinische Behandlung als sinnvoll oder sinnlos erachtet. Die Indikationsentscheidung erfolgt in der Regel im Hinblick auf das Behandlungsziel, das zudem die Bedürfnisse und Wünsche des Patienten beachten sollte. *„Sie ist ein Vermittlungsglied, das die Krankheit, die Problem- oder Notlage eines Kranken mit der Therapie und anderen Handlungsschritten und -zielen verbindet",* so der ehemalige Präsident der Bayerischen Landesärztekammer Dr. Max Kaplan (2016).

Wichtig ist, dass bereits bei der Indikation Fehler auftreten können, sobald der medizinisch fachliche Standard nicht erfüllt wird. Der medizinische Standard, der durch die jeweiligen Fachgesellschaften regelmäßig definiert wird, ist an allen Stellen der Behandlung zu beachten, so auch bei der Indikationsstellung. Grundsätzlich wird dabei jeder nicht indizierte Eingriff als behandlungsfehlerhaft erachtet, da diese Eingriffe das Maß des Notwendigen überschreiten und damit § 630a Abs. 2 BGB zuwiderlaufen würden. Diese Punkte sind insofern für das vorliegende Buch relevant, als auch die Behandlungsfehler entscheidend für eine ärztliche Zweitmeinung sein können (Huber 2020, S. 61 f.).

Planbarer Eingriff und Indikationsausweitung

Die „planbaren Eingriffe", die im § 27b Abs. 1 SGB V erwähnt werden, werden zwei Jahre später (2017) vom Gemeinsamen Bundesausschuss in den „Richtlinien zum Zweitmeinungsverfahren" konkretisiert. Da das Bundesgesundheitsministerium die Erstfassung dieser Richtlinie wegen Einschränkungen des Zweitmeiners hinsichtlich zusätzlicher Untersuchungs-

leistungen beanstandet hat, ist die Richtlinie durch Veröffentlichung im Bundesanzeiger erst am 07.12.2018 in Kraft getreten. „Planbar" meint in diesem Zusammenhang, dass die empfohlenen Eingriffe keine medizinisch akuten Notfälle darstellen und der Patient somit Zeit hat, eine zweite ärztliche Meinung einzuholen.

Die in den Richtlinien festgelegten „planbaren" Eingriffe sind dabei in den letzten Jahren auffällig angestiegen. Aus diesem Grund ist es nicht auszuschließen, dass die Indikation hauptsächlich auf finanziellen Motiven gründet (Ries et al. 2017, S. 24). Nach § 27b Absatz 1 Satz 1 SGB V sollen die Eingriffe ein Recht auf Zweitmeinung bekommen, bei denen im Hinblick auf die „[…] zahlenmäßige Entwicklung [ihrer] Durchführung die Gefahr einer Indikationsausweitung nicht auszuschließen ist". Eine Indikationsausweitung meint hier also v. a. die mengenanfälligen Eingriffe, die in der Vergangenheit häufiger von den Ärzten indiziert wurden und dabei medizinisch nicht notwendig gewesen wären (G-BA 2017, S. 3). Folgende Eingriffe wurden in den Richtlinien des G-BA zum Zweitmeinungsverfahren festgelegt (August 2020):

- *Eingriff an Gaumen- oder Rachenmandeln (Tonsillektomie, Tonsillotomie)*
- *Gebärmutterentfernung (Hysterektomie oder Uterusexstirpation)*
- *Schulterarthroskopie*
- *Amputation beim Diabetischen Fußsyndrom (zukünftig)*

Unabhängige ärztliche Zweitmeinung

Eine ärztliche Zweitmeinung ist eine Diagnose oder eine Empfehlung, die zusätzlich zum Befund des behandelnden Arztes eingeholt werden kann. Die „unabhängige ärztliche Zweitmeinung" sollte nicht bei einem Arzt oder in einer Einrichtung eingeholt werden, durch den oder durch die der Eingriff durchgeführt werden soll – also dem indikationsstellenden Arzt. Dabei kann die Unabhängigkeit nach § 27b SGB V durch einige Faktoren beeinflusst werden (G-BA 2017, S. 9).

Hier können z. B. Interessenkonflikte der Unabhängigkeit im Wege stehen. Insbesondere finanzielle Beziehungen, die „aus Anstellungs- und Beratungsverhältnissen, dem Erhalt von Honoraren, Drittmitteln oder sonstiger Unterstützung für den Einsatz von Medizinprodukten, die für den Zweit-

meinungs-Eingriff relevant sind, oder aus dem Besitz von Aktien oder Geschäftsanteilen jeweils in Bezug auf Hersteller von Medizinprodukten oder einem industriellen Interessenverband solcher Hersteller resultieren", stehen im Fokus der Unabhängigkeit (G-BA 2017, S. 10). Bestehen solche finanziellen Beziehungen, werden die Ärztinnen und Ärzte zwar nicht von der Teilnahme am Zweitmeinungsverfahren ausgeschlossen. Sie müssen jedoch die Information für den Patienten verfügbar machen (G-BA 2017).

Des Weiteren können finanzielle Anreize, z. B. für einzelne Leistungen, Leistungsmengen, Leistungskomplexe oder Messgrößen, die Unabhängigkeit der Zweitmeinung maßgeblich beeinträchtigen, da sie „auf die vermehrte Anwendung in Frage stehender Eingriffe bzw. bei diesen ggf. zum Einsatz kommenden Produkten" Einfluss nehmen können (G-BA 2017, S. 10). Mögliche finanzielle Anreize stellen hier z. B. Zielvereinbarungen und Vereinbarungen über fallzahlorientierte Bonuszahlungen dar, die regelmäßig zwischen Arbeitgebern und Chefärzten geschlossen werden (siehe Kap. 14) (Nölling 2012, S. 7).

Die Angabe, ob finanzielle Beziehungen bestehen, muss im Rahmen der „Antragsstellung zur Abgabe einer Zweitmeinung" erfolgen. Durch die Unabhängigkeit soll somit eine objektive und reliable zweite Meinung erfolgen, die im besten Fall die gleichen Messwerte ergibt wie bei der Erstdiagnose (G-BA 2017, S. 10).

Fazit

Die Begriffsbestimmungen zum Recht auf eine Zweitmeinung zeigen bereits, dass vor allem diejenigen operativen Eingriffe miteinbezogen werden sollen, deren Häufigkeit nicht immer medizinisch erklärbar ist und möglicherweise auf finanzielle Aspekte zurückgeführt werden kann.

Eine zweite, unabhängige Meinung, die nicht auf finanziellen Motiven gründet, kann dem Patienten bei einer komplexen Indikation eine wertvolle Hilfestellung leisten.

Bei der Einholung einer Zweitmeinung steht der Patient im Fokus. Darüber hinaus sind GKV, der indikationsstellende Arzt sowie der zweitmeinungsgebende Arzt wichtige Teilnehmer des Zweitmeinungsverfahrens. Alle Parteien haben eine entscheidende Rolle für die Qualität der diagnosebezogenen

Indikation sowie der Behandlung. Welche Aufgaben und Anforderungen an den indikationsstellenden Arzt sowie den Zweitmeiner gestellt werden, wird im „Allgemeinen Teil" der Richtlinien des Gemeinsamen Bundesausschusses geregelt.

11.2 Richtlinien des Gemeinsamen Bundesausschusses zur ärztlichen Zweitmeinung

Der Gemeinsame Bundesausschuss ist das höchste Beschlussgremium und Selbstverwaltungsorgan des deutschen Gesundheitswesens. Das Gremium entscheidet in Form von Richtlinien, welche medizinischen Leistungen gesetzlich Versicherte beanspruchen können. Ebenso kann es über die Zulassung neuer Untersuchungs- und Behandlungsmethoden zur GKV entscheiden und Arzneimittelgruppen bestimmen, für die Festbeträge festgesetzt werden können (G-BA).

Die Richtlinien des G-BA sind für die ärztliche Zweitmeinung maßgeblich. In § 27b Absatz 2 SGB V wird dazu Folgendes formuliert:

*„[1]Der Gemeinsame Bundesausschuss bestimmt in seinen Richtlinien nach § 92 Absatz 1 Satz 2 Nummer 13, für **welche planbaren Eingriffe** nach Absatz 1 Satz 1 der **Anspruch auf Einholung der Zweitmeinung** im Einzelnen besteht.[2]Er legt **indikationsspezifische Anforderungen** an die **Abgabe der Zweitmeinung** zum empfohlenen Eingriff und an die **Erbringer einer Zweitmeinung** fest, um eine besondere Expertise zur Zweitmeinungserbringung zu sichern [...]."*

Auf der Rechtsgrundlage der gesetzlichen Bestimmungen in § 27b Absatz 2 SGB V wird das Zweitmeinungsverfahren demnach in den Richtlinien ausgestaltet. Diese Richtlinien sind zunächst in zwei Teile gegliedert – den „Allgemeinen Teil" und den „Besonderen Teil".

11.2.1 Allgemeiner Teil

Im Allgemeinen Teil werden zunächst die Aufgaben des indikationsstellenden Arztes sowie die Anforderungen und Aufgaben an die Zweitmeiner ausgeführt.

11.2.1.1 Aufgaben des indikationsstellenden Arztes

Der Arzt, der die Indikation einer Mandel-OP, einer Schulterarthroskopie oder einer Gebärmutterentfernung stellt, hat folgende Aufgaben:

1) Der Arzt muss den Patienten mündlich und verständlich über sein Recht zur Einholung einer Zweitmeinung informieren. Wichtig ist hier, dass der Patient ausreichend Zeit (mind. zehn Tage vor dem geplanten Eingriff) hat, zu entscheiden, ob er einen zweiten Arzt konsultieren möchte.

2) Der Arzt muss dem Patienten das Patientenmerkblatt des G-BA zum Zweitmeinungsverfahren in gedruckter Form aushändigen. Zudem weist der Arzt auf die eingriffsspezifische Entscheidungshilfe des Instituts für Qualität und Wirtschaftlichkeit im Gesundheitswesen (IQWiG) im Internet hin, damit die Patienten, falls gewünscht, einen geeigneten Arzt auffinden können.

3) Der Arzt muss den Patienten darauf hinweisen, dass die Zweitmeinung nicht bei einem Arzt oder einer Einrichtung eingeholt werden kann, durch den oder durch die der Eingriff durchgeführt werden soll (G-BA 2020, S. 4).

4) Der Arzt muss dem Patienten vorhandene Unterlagen bzw. deren Abschriften aushändigen, sofern der Patient eine Zweitmeinung wünscht. Hier ist jedoch zu beachten, dass dieses Recht auch zeitlich nach dem Informationsgespräch geltend gemacht werden kann. Ein zeitlicher Spielraum für den Zeitpunkt der Aushändigung aller erforderlichen Befundunterlagen ist somit gegeben. Der Begriff „erforderlichen" meint alle Unterlagen, die aus Sicht des indikationsstellenden Arztes relevant sind. Die Kosten, die sich aus der Zusammenstellung und Überlassung von Befundunterlagen für die

Zweitmeinung ergeben, werden von der Krankenkasse übernommen (G-BA 2020, S. 5 f.).

Mit den genannten Kriterien sollte, laut dem Gemeinsamer Bundesausschuss (2020, S. 7), sichergestellt werden, dass alle Patienten qualitätsgesichert und einheitlich über ihr Recht auf Zweitmeinung informiert werden.

11.2.1.2 Anforderungen an die Zweitmeiner

Die Mindestanforderungen an die Abgabe der Zweitmeinung erachtet der G-BA als zweckmäßig und regelt diese gleich im Allgemeinen Teil der Richtlinien. Ärzte, die als Zweitmeiner tätig werden möchten, müssen die Anforderungen bzw. Qualifikationen gegenüber der zuständigen Kassenärztlichen Vereinigung nachweisen.

Im § 27b Abs. 2 S. 3 SGB V wird dem G-BA die Aufgabe zugeteilt, die wesentlichen (Mindest-) Kriterien zur Feststellung einer besonderen Expertise zu definieren.

Dies sind:

1) eine langjährige fachärztliche Tätigkeit in einem Fachgebiet, die für die Indikation zum Eingriff maßgeblich ist, und
2) Kenntnisse über den aktuellen Stand der wissenschaftlichen Forschung zur jeweiligen Diagnostik, Therapie sowie der Therapiealternativen zum empfohlenen Eingriff.

Der G-BA konkretisiert die in dem Gesetz genannten Kriterien folgendermaßen:

Zu 1): Die Aufnahme auf die Liste der Zweitmeiner kann erfolgen, wenn eine seit mindestens fünf Jahren bestehende Berufstätigkeit in Vollzeit nach Abschluss der fachärztlichen Weiterbildung mit unmittelbarer Patientenversorgung besteht oder eine vom Umfang her gleichwertige Teilzeittätigkeit. Die fünf Jahre lange Tätigkeit soll garantieren, dass der Arzt ein möglichst großes Spektrum an Patienten im jeweiligen Fachgebiet behandelt hat. Ausschlaggebend sind hier differenzialtherapeutische

Erfahrungen sowie Erfahrungen mit entsprechenden Krankheitsverläufen (G-BA 2017, S. 8).

Zu 2): Dieser Punkt wird gewährleistet, sobald eine geltende Fortbildungsverpflichtung erfüllt wird, welche alle an der vertragsärztlichen Versorgung teilnehmenden (Fach-)Ärzte, Psychologischen Psychotherapeuten und Kinder- und Jugendlichenpsychotherapeuten (§§ 95d, 136b SGB V) im Fünfjahreszeitraum vorweisen müssen (G-BA 2017, S. 8).

Die Voraussetzung wird ebenso erfüllt, wenn die entsprechende, von der zuständigen Landesärztekammer anerkannte Zahl von 250 Fortbildungspunkten erworben wurde. Die Fortbildungspflicht bzw. der Nachweis der Fortbildungspunkte muss zusätzlich mit einer Weiterbildungsbefugnis oder einer akademischen Lehrbefugnis einhergehen (KVB 2020). Der Nachweis einer Weiterbildungsbefugnis erfolgt durch ein Zertifikat der Landesärztekammer. Hier ist davon auszugehen, dass diese Ärzte über eine besondere medizinische Expertise verfügen, welche gemäß § 27b Abs. 2 S. 2 SGB V beim Zweitmeiner vorliegen muss (G-BA 2017, S. 5).

Wollen Gesundheitseinrichtungen, wie etwa Krankenhäuser, als Zweitmeiner fungieren, so müssen diese konkret die Ärzte benennen, die die Zweitmeinung erbringen. Von der Erbringung der Zweitmeinung ausgeschlossen sind neben den Ärzten bzw. Einrichtungen, in denen der Eingriff durchgeführt werden soll, auch alle Kooperationsformen, wie z. B. Praxisgemeinschaften und Berufsausübungsgemeinschaften. In der Praxisgemeinschaft schließen sich Ärzte zusammen, die Räume, Geräte und Personal gemeinsam nutzen. Die Berufsausübung erfolgt hier jedoch nicht gemeinsam, denn jeder Arzt hat seine eigenen Patientenakten und rechnet seine Leistungen separat mit der Kassenärztlichen Vereinigung ab (Röhrig et al. 2015, S. 459).

Liegt der KV kein Hinderungsgrund (siehe „Unabhängige ärztliche Zweitmeinung") vor und werden die genannten Anforderungen erfüllt, kann die Genehmigung zur Durchführung der Abrechnung von Zweitmeinungsleistungen erteilt werden (G-BA 2017, S. 8).

Das Genehmigungsgeschehen, d. h. wie viele Ärzte von den Kassenärztlichen Vereinigungen berechtigt wurden, Zweitmeinungen nach § 27b SGB V durchzuführen und abzurechnen, muss zunächst der

Kassenärztlichen Bundesvereinigung weitergegeben werden. Auf Grundlage dessen wird ein Bericht zusammengestellt, der dem G-BA vorzulegen ist. Der Bericht muss dabei Folgendes enthalten: Anzahl der Anträge auf Zweitmeinungserbringung, erteilte Genehmigungen zur Durchführung einer Abrechnung und Ablehnung, Gründe für Ablehnungen, Anzahl der Beendigungen sowie Anzahl vorliegender Genehmigungen zur Durchführung einer Abrechnung (bis zum 31. Dezember des Berichtsjahres). Diese Informationen sind u. a. wichtig für die Beurteilung einer ausreichenden Anzahl an Zweitmeinern, die für die Patientenversorgung bereitstehen. Ebenso sollen Aussagen bezüglich der Inanspruchnahme der Zweitmeinung, der Veränderungsraten der Eingriffe und letztendlich des Nutzens des Zweitmeinungsverfahrens für die Entscheidungsfindung getroffen werden. Durch die Evaluation kann die Richtlinie des G-BA zum Zweitmeinungsverfahren im Zweijahresrhythmus aktualisiert und entsprechend den Ergebnissen angepasst werden (G-BA 2017, S. 12).

11.2.1.3 Aufgaben der Zweitmeiner

Die Zweitmeinung nach § 27b SGB V besteht im Wesentlichen aus zwei Teilen: der ärztlichen Beurteilung sowie der Beratung zu einem empfohlenen Eingriff an einem Patienten, dessen Indikation durch einen anderen Arzt festgestellt wurde.

Art und Umfang der Zweitmeinungsberatung werden ebenfalls in den Richtlinien spezifiziert. Die Beratung besteht aus folgenden Teilen:

1) die Anamnese (Gespräch zur Krankenvorgeschichte),
2) die Sichtung der von dem indikationsstellenden Arzt für die Zweitmeinung zur Verfügung gestellten und mitgegebenen Unterlagen, auf deren Grundlage dieser die Empfehlung zum Eingriff ausgesprochen hat,
3) soweit erforderlich eine körperliche Untersuchung des Patienten,
4) die Abwägung bestehender Behandlungsalternativen mit dem Fokus auf der Prüfung der Notwendigkeit des empfohlenen Eingriffes und

5) das Bestätigen bzw. Nichtbestätigen des empfohlenen Eingriffes und eine Empfehlung zum konkreten weiteren Vorgehen (G-BA 2017, S. 4).

Zu 1) und 3): Das Anamnesegespräch sowie die körperliche Untersuchung können im Rahmen des Zweitmeinungsverfahrens erneut durchgeführt werden. Grund dafür sind die persönlichen Eindrücke des Arztes, die auf der Grundlage der jeweiligen Expertise von besonderer Bedeutung sind. Falls der Zweitmeiner fehlende relevante Untersuchungen feststellt oder Untersuchungen als nicht verwendbar betrachtet und weiterführende Untersuchungen notwendig sind, ist zunächst der Patient darüber zu informieren. Der Zweitmeiner informiert anschließend den indikationsstellenden Arzt, insofern der Patient zugestimmt hat. Beim indikationsstellenden Arzt kann eine weitere Behandlung oder Diagnostik unter Berücksichtigung des Ergebnisses der Zweitmeinung erfolgen (G-BA 2017, S. 7 f.).

Weiterführende bildgebende oder invasive diagnostische Untersuchungen sind nicht Bestandteil des Zweitmeinungsverfahrens. Hierbei sollte es sich rein um eine Meinung handeln, die den Vorbefund des indikationsstellenden Arztes qualifiziert überprüft und beurteilt. Die Patienten werden somit vor Doppel- und Mehrfachuntersuchungen und der damit verbundenen Überdiagnostik geschützt (G-BA 2017, S. 5).

Ferner kann der Patient im Rahmen des Beratungsgespräches Auskünfte über bestehende Interessenkonflikte oder finanzielle Beziehungen verlangen. Diese sind vom Zweitmeiner so darzulegen, dass der Patient in der Lage ist, den Sachverhalt zu verstehen, und auf Grundlage dessen eine Entscheidung über die Fortführung der Beratung getroffen werden kann (G-BA 2017, S. 11).

Zu 2): Sollte die Indikationsstellung anhand der vorliegenden Informationen ohne zusätzliche Untersuchungen weder bestätigt noch nicht bestätigt werden können (oder keine Empfehlung abgegeben werden), kann das Zweitmeinungsverfahren seitens des Arztes beendet werden.

Zu 4): Ziel ist es, dem Patienten alle relevanten Informationen für den geplanten Eingriff zu geben. Alternative Behandlungsoptionen mit vergleichbar hohen oder höheren therapeutischen Erfolgen müssen dem Patienten mitgeteilt werden. Dabei stehen immer die persönlichen Präferenzen und das Wohl der Patienten im Mittelpunkt der Untersuchung. Hier können unter Einhaltung berufsrechtlicher und vertragsärztlicher Vorgaben und sofern in den Regelungen des Besonderen Teils festgelegt auch telemedizinische Möglichkeiten genutzt werden (G-BA 2017, S. 3). Von der telemedizinischen Beratung ist bis dato (August 2020) die Schulterarthroskopie noch ausgeschlossen (KBV 2020).

In das Beratungsgespräch können gleichermaßen Ärzte aus weiteren medizinischen Fachgebieten oder Angehörige von nichtärztlichen Gesundheitsfachberufen miteinbezogen werden. Im Besonderen Teil der Richtlinien wird dieser Punkt in den eingriffsspezifischen Anforderungen näher definiert. Somit kann eine interdisziplinäre Zweitmeinungserbringung bei bestimmten planbaren Eingriffen sinnvoll sein und gleichzeitig eine qualitativ hochwertigere Zweitmeinung ermöglichen.

Zu 5): Eine Zweitmeinung gilt dann als abgegeben, wenn die genannten Schritte des Beratungsgespräches zum indizierten empfohlenen Eingriff ausgeführt und die weiteren Handlungsoptionen dem Patienten erläutert wurden (G-BA 2017, S. 12). Der ärztliche Bericht des Zweitmeiners wird auf Wunsch dem Patienten ausgehändigt. Dieser Bericht dient der reflektierten und informierten Entscheidung für den „medizinischen Laien". Der Inhalt sollte klare Aussagen enthalten, die die Erstmeinung zum empfohlenen Eingriff entweder bestätigen oder nicht bestätigen. Ebenso sollten zusammenfassend die Gründe dafür genannt werden. Anhand des Berichts sowie des Patientenmerkblatts zum Zweitmeinungsverfahren sollte es dem Patienten leichter fallen, eine Entscheidung zu treffen (G-BA 2017, S. 12). Seit Januar 2019 sind auf der Internetseite des Instituts für Qualität und Wirtschaftlichkeit im Gesundheitswesen (IQWiG 2018) zusätzlich Entscheidungshilfen für eine Gebärmutterentfernung sowie eine Mandel-OP zu finden.

11.2.2 Besonderer Teil

Gemäß § 27b Absatz 2 Satz 1 SGB V legt der G-BA die Eingriffe fest, die einen Anspruch auf eine Zweitmeinung haben. Im Besonderen Teil werden insgesamt vier Eingriffe definiert und die jeweiligen eingriffsspezifischen Anforderungen genannt. Diese „planbaren und mengenanfälligen

Eingriffe" haben einen Rechtsanspruch auf ärztliche, neutrale und unabhängige Zweitmeinung.

11.2.2.1 Eingriffe mit Anspruch auf eine Zweitmeinung

Um die Funktion der Zweitmeinung zur qualifizierten Überprüfung der Indikationsstellung bei mengenanfälligen Eingriffen zu erfüllen, muss ein besonderer Sachverstand durch den Zweitmeiner gewährleistet werden. § 27b Absatz 2 gibt vor, welche zusätzlichen Kriterien durch den G-BA festgelegt werden können, und bezieht sich dabei auf die jeweiligen eingriffsspezifischen Anforderungen:

1) Erfahrungen mit der Durchführung des jeweiligen Eingriffs, die durch eine vom G-BA festgelegte Mindestzahl entsprechender Eingriffe belegt werden können.
2) Regelmäßige gutachterliche Tätigkeit in einem für die Indikation maßgeblichen Fachgebiet.
3) Besondere Zusatzqualifikationen, die für die Beurteilung einer gegebenenfalls interdisziplinär abzustimmenden Indikationsstellung von Bedeutung sind.

Zusätzliche Kriterien des Besonderen Teils können sich jedoch auch optional auf die durch den G-BA bestimmten (Mindest-)Kriterien beziehen. Ferner kann der G-BA bei seinen Festlegungen zu den indikationsspezifischen Anforderungen prüfen, ob eine körperliche Untersuchung erforderlich oder eine telemedizinische Begutachtung ausreichend ist (Röhrig et al. 2015, S. 458).

Im weiteren Verlauf werden die Eingriffe mit (zukünftigem) Recht auf Zweitmeinung nacheinander aufgelistet, definiert sowie mit den indikationsspezifischen Anforderungen an die Zweitmeiner dargestellt.

11.2.2.2 Mandeloperation (Tonsillektomie, Tonsillotomie)

Der operative Eingriff an den Gaumen- (und/oder) Rachenmandeln umfasst entweder eine vollständige Resektion (Tonsillektomie) oder eine

Teilentfernung (Tonsillotomie). Letztere wird v. a. wegen schlafbezogener Atemwegsstörungen bei allen nicht malignen Erkrankungen der Tonsillen durchgeführt. Zweitmeinungsberatungen werden bei malignen Grunderkrankungen der Tonsillen ausgeschlossen, da durch die vorgegebene Mindestwartezeit von zehn Tagen diagnostische und/oder therapeutische Komplikationen auftreten können. Die Entfernung oder Teilentfernung der Tonsillen bei benignen Erkrankungen soll das Auftreten wiederkehrender Entzündungen (Mandelentzündungen) reduzieren und bei Atemwegsstörungen eine Obstruktion der Atemwege verhindern. Die Tonsillektomie bzw. Tonsillotomie wird in der Regel von Fachärzten für Hals-Nasen-Ohren-Heilkunde durchgeführt, sodass von diesen die notwendige Expertise in der Indikationsstellung erwartet werden muss (G-BA 2017, S. 7).

Aufgrund der gravierenden regionalen Unterschiede (siehe Abschn. 2.3), bei denen die Eingriffsraten teilweise erheblich variierten, kann von einer bestehenden Gefahr für eine Mengenanfälligkeit ausgegangen werden (Nolting et al. 2013, S. 70 f.). Aus diesem Grund wird der Eingriff als geeignet und relevant für ein Zweitmeinungsverfahren angesehen.

Im Wesentlichen geht es bei der Zweitmeinung für eine Tonsillektomie bzw. eine Tonsillotomie um eine Bewertung, ob der bisherige Verlauf der Grunderkrankung und deren Behandlung nachvollziehbar zu dem Ergebnis führen, dass ein Eingriff durchgeführt werden sollte. Wird die Indikation beispielsweise nicht vom behandelnden Kinder- oder Jugendmediziner gestellt, hat der Zweitmeiner die Möglichkeit, sich interdisziplinär mit Fachärzten für Kinder- und Jugendmedizin abzustimmen, sofern er dies für erforderlich hält. Letztere sind jedoch keine Zweitmeiner im Sinne der Richtlinie zum Zweitmeinungsverfahren, sie können lediglich beim Prozess der Zweitmeinung hinzugezogen werden (G-BA 2017, S. 17).

11.2.2.3 Gebärmutterentfernung (Hysterektomie)

Gebärmutterentfernungen, auch bezeichnet als Hysterektomien oder Uterusexstirpationen, können ebenso vollständig oder teilweise durchgeführt werden. Der operative Eingriff wird in der Regel elektiv durchgeführt. Eine sofortige Operation ist nur in akuten Situationen, z. B. bei nicht stillbaren Blutungen während einer Geburt, schweren Verletzungen oder Infektionen notwendig. Die Gründe für einen Eingriff sind vielschichtig. Die häufigsten Anlässe sind dabei Myome, Scheiden- und/oder Gebärmuttersenkung, sehr starke oder schmerzhafte Regelblutungen, Endometriose, Krebserkrankungen der Gebärmutter, des Gebärmutterhalses oder der Eierstöcke (IQWiG 2018). Die überwiegende Zahl von Eingriffen erfolgt aufgrund von benignen Erkrankungen. Die Eingriffe werden in der Regel von Fachärzten für Frauenheilkunde und Geburtshilfe durchgeführt. Zur Erbringung der Zweitmeinung sind, nach der Richtlinie zum Zweitmeinungsverfahren, ausschließlich Fachärzte aus der Frauenheilkunde und Geburtshilfe berechtigt (G-BA 2017, S. 18).

Die Entfernung der Gebärmutter gehört zu den häufigsten gynäkologischen Eingriffen (siehe Abschn. 2.3). Sie ist jedoch nicht immer nötig. Ob sie sinnvoll ist, hängt von der Erkrankung oder Verletzung und der persönlichen Situation einer Frau ab. Bei Erkrankungen ohne onkologischen Hintergrund lässt sich die Frage nach der Notwendigkeit durchaus stellen (IQWiG 2018). Etwaige Alternativen, die selbst keine operativen Eingriffe darstellen, sollten im Rahmen des Zweitmeinungsverfahrens bei der Entscheidungsfindung besonders berücksichtigt werden. Maligne Erkrankungen werden auch hier von der Zweitmeinung ausgeschlossen, da es durch die vorgegebene Mindestwartezeit von zehn Tagen zu unzumutbaren Verzögerungen des diagnostischen und/oder therapeutischen Vorgehens kommen könnte (G-BA 2017, S. 18).

11.2.2.4 Arthroskopische Eingriffe an der Schulter

Seit April 2020 haben gesetzlich Versicherte bei einer Indikationsstellung zu einer Arthroskopie am Schultergelenk einen Anspruch auf Einholung einer ärztlichen Zweitmeinung. Arthroskopien (Gelenkspiegelungen) an der Schulter dienen überwiegend dazu, therapeutische Maßnahmen an den Gelenkstrukturen vorzunehmen. Ein häufiger Grund für Schulterarthroskopien sind Schmerzen unter dem Schulterdach (siehe Abschn. 2.3).

Gegenstand des beschlossenen Zweitmeinungsverfahrens sind sämtliche arthroskopische Eingriffe am Schultergelenk, sofern sie planbar sind und es sich nicht um notfallmäßige Eingriffe handelt, die zeitnah erfolgen müssen. Das Zweitmeinungsangebot zielt darauf ab, eine informierte Entscheidungsfindung der Patienten bei der Auswahl der operativen oder konservativen Behandlungsmöglichkeiten zu unterstützen und eine medizinisch nicht gebotene Schulterarthroskopie zu vermeiden. Zur Erbringung der Zweitmeinung sind Fachärzte aus der Orthopädie und Unfallchirurgie oder Chirurgie mit Schwerpunkt Unfallchirurgie sowie Fachärzte aus der physikalischen und rehabilitativen Medizin zugelassen (G-BA 2017, S. 9).

11.2.2.5 Diabetisches Fußsyndrom

Zukünftig können Patienten mit Diabetischem Fußsyndrom vor einer Amputation an den unteren Extremitäten eine unabhängige ärztliche Zweitmeinung einholen. Der Beschluss wurde im April 2020 dem Bundesministerium für Gesundheit (BMG) zur rechtlichen Prüfung vorgelegt. Er tritt nach Nichtbeanstandung durch das BMG und Veröffentlichung im Bundesanzeiger in Kraft. Voraussetzung für den Anspruch auf eine Zweitmeinung beim Diabetischen Fußsyndrom ist das Inkrafttreten des Beschlusses, der bis dato (August 2020) noch nicht erfolgt ist (G-BA 2020).

Häufig erfolgt aufgrund des Diabetischen Fußsyndroms eine Amputation an der unteren Extremität bis unterhalb der Knöchelregion (Minoramputation) oder oberhalb der Knöchelregion (Majoramputation) (siehe Abschn. 2.3) (Protz 2020, S. 166).

Die Zweitmeinung soll besonders auf die alternativen Vorgehensweisen eingehen. Die Genehmigung, Zweitmeinungsleistungen zu einer Amputation beim Diabetischen Fußsyndrom abzurechnen, können voraussichtlich Fachärzte folgender Fachrichtungen bei ihrer Kassenärztlichen Vereinigung beantragen:

- Innere Medizin und Angiologie
- Innere Medizin und Endokrinologie und Diabetologie

- Gefäßchirurgie
- Allgemeinmedizin mit Zusatzbezeichnung Diabetologie
- Innere Medizin mit Zusatzbezeichnung Diabetologie

Notfallmäßige Amputationen, z. B. aufgrund einer akut drohenden Sepsis, sind von der Zweitmeinung ausgenommen (KBV 2020).

Fazit

Die Eingriffe, die im Besonderen Teil der Richtlinien festgeschrieben sind, fallen verhältnismäßig sehr gering aus. Sieht man sich die Eingriffe an, die in Deutschland häufig durchgeführt werden und dabei nicht immer medizinisch erklärbar sind, ist der Bedarf für die Aufnahme weiterer mengenanfälliger Eingriffe, bei denen die Kosten für eine Zweitmeinung von den GKV übernommen werden müssen, hoch. Im Umkehrschluss bedeutet dies, dass bei allen anderen medizinischen Maßnahmen eine Zweitmeinung nicht zum Leistungskatalog der gesetzlichen Krankenversicherung gehört. Dementsprechend muss die medizinische Leistung privat vom Versicherten nach den Maßstäben der GOÄ bezahlt werden (Röhrig et al. 2015, S. 458).

Unabhängig von der Richtlinie zum Zweitmeinungsverfahren bieten viele gesetzliche Krankenkassen eine Zweitmeinung bei weiteren Eingriffen, die nicht im Besonderen Teil der Richtlinie genannt sind, als Zusatzleistung (G-BA 2017, S. 6). Krankenkassen können über die gesetzliche Regelung nach § 27b SGB V hinaus zusätzliche besondere Verträge über Zweitmeinungen mit anerkannten Spezialisten für einzelne Indikationen schließen.

Im Allgemeinen lässt sich jedoch feststellen, dass anhand der Anforderungen und Aufgaben, die in den Richtlinien an die zweitmeinungsgebenden Ärzte gestellt werden, eine neutrale und fachspezifische Expertise sowie eine qualitativ hochwertige Beratung sichergestellt werden können. Ungeachtet dessen sollten sukzessive weitere mengenanfällige Eingriffe in die Richtlinien integriert werden.

Literatur

Bundesministerium für Gesundheit. (2014). *Patientenrechtegesetz.* https://www.bundesgesundheitsministerium.de/service/begriffe-von-a-z/p/patienten-rechtegesetz.html. Zugegriffen am 21.04.2020.

Bundesministerium für Gesundheit. (2015). *Hermann Gröhe: „Versorgungs-stärkungsgesetz verbessert die Versorgung und stärkt die Patientenrechte" [Pressemeldung].* https://www.bundesgesundheitsministerium.de/presse/pressemitteilungen/2015/2015-2-quartal/vsg-bundestag.html. Zugegriffen am 20.04.2020.

Gemeinsamer Bundesausschuss. (2020). *Tragende Gründe zum Beschluss des Gemeinsamen Bundesausschusses über eine Richtlinie zum Zweitmeinungsverfahren: Aufnahme des Eingriffs Amputationen beim Diabetischen Fußsyndrom in den Besonderen Teil sowie weitere Änderung im Allgemeinen Teil der Richtlinie.* https://www.g-ba.de/downloads/40-268-6556/2020-04-16_Zm-RL_Aufnahme-Amputation-DFS_TrG.pdf. Zugegriffen am 25.04.2020.

Gemeinsamer Bundesausschuss (G-BA). (2017). *Tragende Gründe zum Beschluss des Gemeinsamen Bundesausschusses über eine Richtlinie zum Zweitmeinungsverfahren: Erstfassung.* https://www.g-ba.de/downloads/62-492-2044/Zm-RL_2019-11-22_iK-2020-02-20.pdf. Zugegriffen am 25.04.2020.

Gemeinsamer Bundesausschuss (G-BA). (2020). *Amputation beim Diabetischen Fußsyndrom: Patientinnen und Patienten können ärztliche Zweitmeinung zur empfohlenen Operation einholen [Pressemeldung].* https://www.g-ba.de/presse/pressemitteilungen/858/. Zugegriffen am 25.04.2020.

Huber, M. (2020). *Der Klinikkompass: der Patientenratgeber für einen aktiven und erfolgreichen Krankenhausaufenthalt (German Edition)* (1. Aufl.). Hamburg: TWENTYSIX.

Institut für Qualität und Wirtschaftlichkeit im Gesundheitswesen (IQWiG). (2018). *Gebärmutterentfernung (Hysterektomie).* https://www.gesundheits-information.de/gebaermutterentfernung-hysterektomie.3236.de.html. Zugegriffen am 20.04.2020.

Kaplan, M. (2016). *Ärztliche Indikationsstellung. Bayerische Landesärztekammer.* https://www.bayerisches-aerzteblatt.de/inhalte/details/news/detail/News/aerztliche-indikationsstellung.html. Zugegriffen am 21.04.2020.

Kassenärztliche Bundesvereinigung (KBV). (2020). *Praxisnachrichten.* https://www.kbv.de/html/1150_46048.php. Zugegriffen am 24.04.2020.

Kassenärztliche Vereinigung Bayerns (KVB). (2020). *Richtlinie zum Zweit-meinungsverfahren.* https://www.kvb.de/praxis/qualitaet/qualitaetssicherung/zweitmeinungsverfahren/. Zugegriffen am 25.04.2020.

Nölling, T. (2012). *Zielvereinbarungen in Chefarztdienstverträgen.* http://www.dgu-online.de/uploads/tx_news/WBK_-_Beitrag__-_Zielvereinbarungen_in_Chefarzt-Dienstvert_r%C3%A4gen_17-02-2012.pdf. Zugegriffen am 21.04.2020.

Nolting, H. D., Zich, K., & Deckenbach, B. (2013). *Faktencheck Gesundheit – Entfernung der Gaumenmandeln bei Kindern und Jugendlichen.* Gütersloh: Bertelsmann Stiftung.

Protz, K. (2020). *Moderne Wundversorgung* (6. Aufl.). München: Elsevier.

Ries, H., Schnieder, K., Papendorf, B., Großbölting, R., & Berg, S. (2017). *Arztrecht: Praxishandbuch für Mediziner (German Edition)* (4. Aufl.). Berlin: Springer.

Röhrig, D., Rompf, T., & Schröder, J. (2015). Das GKV-VSG aus Sicht des Patienten. *GesundheitsRecht, 8,* 455–461. https://doi.org/10.9785/gesr-2015-0804.

Verband der Ersatzkassen 2020. (2020, August 6). *Krankenversicherungspflicht für jeden in Deutschland.* https://rechtecheck.de/pflicht-auf-krankenversicherung-deutschland/. Zugegriffen am 21.04.2020.

12

Exkurs: Das Arzt-Patienten-Verhältnis

Das Arzt-Patienten-Verhältnis kann als Kernbeziehung des Gesundheitswesens bezeichnet werden. Der Arzt entscheidet mit seiner fachlichen Expertise darüber, ob der Patient krank oder gesund ist und infolgedessen therapiert wird oder nicht. Die Arzt-Patienten-Beziehung ist durch gesetzliche Bestimmungen, ethische Prinzipien und die vertraglichen Vereinbarungen determiniert. Kommunikation und Interaktion, Einstellungen, Erwartungen sowie Persönlichkeitsmerkmale sind von Arzt zu Arzt bzw. von Patient zu Patient als individuell anzusehen. Besonders in Sachen Kommunikation sehen viele Patienten einen Schwachpunkt beim Arzt-Patienten-Gespräch. Welcher Stellenwert der Kommunikation zwischen Arzt und Patient zukommt und welche Auswirkungen das Vertrauen auf den Therapieerfolg hat, wird in diesem Kapitel geklärt. Darüber hinaus wird die Rolle des Patienten sowie des Arztes ausführlich dargestellt, um die Relevanz einer gelingenden Arzt-Patienten-Beziehung zu verdeutlichen.

© Der/die Autor(en), exklusiv lizenziert durch Springer Fachmedien Wiesbaden GmbH, ein Teil von Springer Nature 2021
V. Nürnberg, M.-T. Meier, *Patientenrecht Zweitmeinung*,
https://doi.org/10.1007/978-3-658-14426-5_12

12.1 Kommunikation

Ein Arzt führt ca. 200.000 Gespräche im Laufe seines Berufslebens (Bergner 2009, S. 1) und doch wird die Kommunikationsfähigkeit der Ärzte vonseiten der Patienten stark bemängelt. Die Unzufriedenheit der Patienten ist dabei auf mehrere Aspekte zurückzuführen.

Durch den Wissensvorsprung in der Ausübung seiner Tätigkeit, den der Arzt gegenüber dem Patienten hat, entsteht eine extreme Asymmetrie. Aus den unterschiedlichen Interessen und der Interdependenz der Akteure lässt sich eine Asymmetrie in der Kommunikation und in der Information annehmen (Schneider 2002, S. 450 f.). Aufgrund der Informationsdifferenzen zwischen Arzt und Patient besitzt das Gesundheitswesen ein hohes Maß an Komplexität (Schneider 2002, S. 448). Patienten haben einen erheblichen Wissensnachteil, wenn es um Gesundheitsdienstleistungen geht (Berry und Bendapundi 2007, S. 113).

Laut einer Studie der AOK verfügen 54,3 % der Deutschen über eine eingeschränkte Gesundheitskompetenz. Mehr als die Hälfte der Deutschen sieht sich somit vor erhebliche Schwierigkeiten gestellt, wenn es darum geht, mit gesundheitsrelevanten Informationen umzugehen, um gesundheitliche Belastungen und Krankheiten zu bewältigen, sich im Alltag stellende Herausforderungen der Gesundheitserhaltung anzugehen und dazu erforderliche Entscheidungen zu treffen (Schaeffer et al. 2016). Die Patienten können dabei nicht einschätzen, welche Leistungen sie überhaupt benötigen bzw. ob die Leistungen, die sie erhalten haben, tatsächlich notwendig waren (Straten et al. 2002, S. 228). Die Lücken im Gesundheitswissen sind jedoch nach Alter und Geschlecht, Bildung und Einkommen sehr unterschiedlich. Das Beratungsbedürfnis, insbesondere das der jüngeren Patienten, ist in den vergangenen Jahrzehnten äußerst gestiegen (Barmer 2019).

Die eingeschränkte Gesundheitskompetenz sowie die Asymmetrie können sich durch die Verwendung von Fachjargon seitens des Arztes weiter verstärken. Der Patient hat keine Chance, den Sachverhalt zu verstehen, wenn der Arzt auf die Sprache des Patienten wenig Rücksicht nimmt. Durch ihren Sprachgebrauch halten Ärzte – oftmals unbewusst – eine Machtasymmetrie aufrecht, die sich negativ auf die Arzt-Patienten-

Beziehung auswirken kann. Somit ist es entscheidend, die Fachsprache, wann immer es geht, zu vermeiden und eine patientenverständliche Sprache zu benutzen (Lamers 2017, S. 3 f.).

Durch den Kompetenzunterschied kommt es beim unterlegenen Gesprächspartner oftmals zu Missverständnissen und Unzufriedenheit, da der Patient seine Bedürfnisse nicht richtig äußern kann. Die Fragen des Patienten ignorieren, das Benutzen von Fachjargon, ein Aneinander-Vorbeireden, eingeschränkte Äußerungsmöglichkeiten oder geschlossene Fragen durch den Arzt, welche den Patienten wenig Raum lassen, ihre eigenen Ideen und Sorgen auszudrücken, können sich somit negativ auf das Arzt-Patienten-Verhältnis auswirken (Simon 2010, S. 190).

Neben der Informationsebene, auf der die Inhalte eines Arzt-Patienten-Gesprächs besprochen werden, können Mimik, Gestik, Tonfall, Lautstärke, Körperhaltung und Blickkontakt ausschlaggebend für eine positive oder auch negative Kommunikation sein (Watzlawick et al. 2000, S. 51). Getreu der These von Watzlawick „Man kann nicht nicht kommunizieren" kann es durch eine unangemessene para- bzw. nonverbale Kommunikation gleichermaßen zu Missverständnissen oder Misstrauen kommen (Jünger 2018, S. 456).

Eine symmetrische Arzt-Patienten-Kommunikation, in der sich beide als ebenbürtige Gesprächspartner wahrnehmen und beide das Gespräch im gleichen Maße lenken, sollte das Ziel darstellen. Dabei ist besonders der sog. „non-direktive Gesprächsstil" hervorzuheben. Hier kommt es auf folgende Aspekte an: Wertschätzung, Echtheit/Authentizität, Empathie und die Verbalisierung emotionaler Inhalte. Die Gesprächsführung wird insbesondere durch den Patienten bestimmt, offene Fragen sollten gestellt werden und Anweisungen sollten nicht Bestandteil des Gesprächs sein. Vorteil ist, dass der Patient seine Wünsche und Bedürfnisse frei äußern kann und der Arzt dabei keine Befragung des Patienten durchführt, um die für die Diagnosen notwendigen Informationen zu erhalten. Nachteil dieser Art von Gespräch ist der langsamere und wenig kontrollierte Informationsgewinn durch den Arzt (Dietz 2008, S. 9).

Die patientengerechte Sprache des Arztes – verbal oder nonverbal – ist nicht nur für das Verständnis als positiv zu betrachten. Die Kommunikation ist auch wesentlich für die Vertrauensbasis zwischen Arzt und

Patient. Welche Modelle der Arzt im Gespräch anwenden kann, wird in Abschn. 12.4 beschrieben.

12.2 Vertrauen

Das Vertrauen der Patienten in ihre Ärzte wird oftmals als Kernelement der Arzt-Patienten-Beziehung bezeichnet (Glattacker et al. 2007, S. 141). Nach Anderson und Dedrick (1990, S. 1091) entsteht dieses Vertrauen durch glaubwürdige und verlässliche Aussagen und Handlungen eines Arztes, die ebenso eine zukunftsorientierte Bewertung der Beziehung negativ oder positiv beeinflussen können.

Medizinische Dienstleistungen gehören zunächst zu den „vertrauensrelevanten Austauschen". Sie zeichnen sich durch einen hohen Grad an Leistungsunsicherheit, bedeutsame Konsequenzen und eine große Abhängigkeit des Konsumenten aus. Somit hat die Vertrauenswürdigkeit bei der Wahl des Arztes einen hohen Stellenwert beim Patienten (Singh und Sirdeshmukh 2000, S. 154).

Grundsätzlich gehen Patienten zum Arzt, wenn sie krank sind. Somit ist der Kranke vulnerabel, angegriffen und befindet sich in einer unsicheren Position. Eine Situation, in der der Patient dem Arzt blind Vertrauen schenken muss. Die Entscheidungsfreiheit des Patienten ist erheblich eingeschränkt. Er hat zwar die Freiheit der Arztwahl, faktisch aber nicht die Freiheit, zu entscheiden, ob überhaupt ein Arzt aufgesucht werden sollte oder nicht. Wie viel Vertrauen ein Kranker entwickelt, hängt sehr stark vom Verhalten des Arztes ab (Schwegler und Alon 2015, S. 155).

Zunehmendes Vertrauen verbessert und vertieft die Kommunikation, weil es bei den Gesprächspartnern dazu führt, dass Intimes und Verdrängtes offenbart werden kann. Die Qualität der Arzt-Patienten-Beziehung hängt v. a. von empathischen Momenten ab. Gottschlich (2012, S. 75) benennt hier die *„[...] Fähigkeit des Arztes, sich auf die subjektive Wahrnehmung der Krankheit durch den Patienten einzulassen, seinen Standpunkt einzunehmen und sich affektiv zu engagieren"*. Die Empathie, die Ärzte gegenüber dem Patienten zeigen, wirkt sich jedoch nur dann auf den Patienten positiv aus, wenn ihre Zuwendung echt ist und ihre Worte und Handlungen authentisch sind. Besonders bei heiklen Gesprächen, wie z. B. einer Krebsdiagnose, ist eine empathische Haltung äußerst wichtig (Sturm et al. 2006, S. 34).

Die Vertrauensbeziehung zwischen Arzt und Patient übernimmt für den Patienten eine Entlastungsfunktion, die emotionale und kognitive Unsicherheiten reduzieren kann (Antfang und Urban 1994, S. 19). Das Vertrauen innerhalb des Arzt-Patienten-Verhältnisses kann z. B. zentral für die Implementierung von Behandlungsmethoden oder die Akzeptanz und Annahme von Therapien und somit eine erhöhte „Patientencompliance" (siehe Abschn. 12.3) sein (Glattacker et al. 2007, S. 142). Ist Vertrauen vorhanden, kann sich die Angst des Patienten reduzieren und das Gefühl verstärken, dass man sich um ihn kümmert, zudem kann es zum Patientenwohlsein und zur Heilung beitragen (Buchanan 2000; Thom und Campbell 1997).

12.3 Das Verhalten der Patienten

Patienten übernehmen in ihrer „Krankenrolle" eine wesentliche Stellung. Nach Talcott Parsons kommen dem Kranken unterschiedliche Verhaltensregeln zu, die u. a. besagen, dass der Patient zunächst nicht für sein Kranksein verantwortlich gemacht wird, jedoch sich dem behandelnden Arzt gegenüber kooperativ zeigen muss. Besonders stark auf den Patienten angepasste und individualisierte Dienstleistungen sind im großen Maße von der Qualität der Kooperation und Teilnahme beeinflusst (Shaffer und Sherell 1995). Vor allem die steigende Patientenautonomie, die den Patienten zum aktiven Mitgestalter in der Therapie macht, erschwert die Kooperation zwischen Arzt und Patient immer mehr (Dietz 2008, S. 4). Die Autorität der Ärzte wird nicht mehr bedingungslos akzeptiert (Shaffer und Sherrel 1995).

Verstärkt wird diese Situation, wenn der Patient informiert in die Praxis kommt. Besonders in der digitalen Generation wird die vorherige Information im Internet über Symptome, Erkrankungen usw. immer bedeutsamer. Die Information ist zwar hilfreich, kann aber auch negative Konsequenzen mit sich ziehen. Mit der großen Bandbreite in der Diagnostik und verschiedenen Therapievariationen sind die Patienten oftmals überfordert. Es kommt zu Fehlinterpretationen und der Arzt muss eine ärztliche Korrekturarbeit leisten. Dies kann eine misstrauische Grundhaltung des Patienten auslösen, sei es durch den Arzt, der die vom Patienten gesuchte Diagnose aus dem Internet nicht bestätigt, oder durch den Patienten, der durch seine andauernde Skepsis Spannungen beim Arzt auslöst (Baumgart 2010). Das fehlende Vertrauen des Patienten in seinen Arzt kann sich wiederum negativ auf das gesundheitsrelevante Verhalten des Patienten auswirken.

Dabei sind die gesundheitsfördernden Anstrengungen der Patienten besonders wichtig, wenn es um den Therapieerfolg geht. Das Prinzip der „Patientencompliance", also ein konsequentes Befolgen ärztlicher Ratschläge, beschreibt das problematische Verhalten der Patienten im Hinblick auf das Gesundheitswesen und damit einhergehend die Arzt-Patienten-Beziehung (Wille und Ulrich 1991, S. 27). Hier zeigen die Patienten in einem bestehenden Arzt-Patienten-Verhältnis eine reduzierte aktive und eigenverantwortliche Mitwirkung am Heilerfolg. Nach Schätzungen der WHO nimmt etwa die Hälfte der Patienten mit chronischen Leiden ihre Medikamente nicht oder nicht wie mit dem Arzt vereinbart (Hermstrüwer 2018, S. 21). Doch liegt der Kern dieses therapiewidrigen Verhaltens im Vertrauen bzw. Misstrauen der Patienten zu ihrem Arzt oder doch im Verhalten bzw. in der Einstellung der Patienten?

Das Prinzip des „Moral Hazard" könnte eine mögliche Ursache für das mangelnde Therapieverhalten der Patienten darstellen. Das Modell geht auf die Asymmetrie zwischen gesetzlicher Krankenversicherung und Patienten näher ein und sieht das Beitragssystem der GKV als Ursache des Problems an. Die Beitragspflichten der GKV sind grundsätzlich vom Einkommen und nicht von den Kosten der Leistung abhängig. Die Kosten eines gesundheitsschädlichen Verhaltens übernimmt in der Regel die GKV. Somit haben die Patienten einen Anreiz, sich unvorsichtiger oder unsorgfältiger zu verhalten. Aus diesem Grund kann das Gesundheitsrisiko steigen und die Bemühung, die Folgekosten einer Krankheit zu minimieren, sich verringern. Die erhöhten Folgekosten, zusammen mit einer hohen Nachfrage nach medizinischen Leistungen und einer vergleichsweise geringen Nachfrage nach präventiven Maßnahmen, verstärken das Problem der „Patientencompliance" (Hermstrüwer 2018, S. 22). Das Dreiecksverhältnis zwischen Leistungserbringer (Arzt),

Leistungsempfänger (Patient) und Leistungszahler (Krankenkasse) sorgt also dafür, dass die Patienten nicht über die tatsächlichen Kosten einer medizinischen Leistung Bescheid wissen und das Gesundheitsverhalten des Patienten infolgedessen unvorsichtiger werden kann (Berry und Bendapundi 2007, S. 113). Die Informationsasymmetrie lässt sich auf das Arzt-Patienten-Verhältnis ausdehnen. Denn der Arzt kann die Glaubwürdigkeit der Patientencompliance schlecht beurteilen („beidseitiger Moral Hazard“).

Eine alternative Erklärung ist neben dem „Moral Hazard“ der „Behavioral Hazard“. Dieses Prinzip geht auf die kognitiven und motivationalen Defizite der Patienten ein, welche die Unternutzung medizinischer Versorgung bedingen. Der Patient bekommt i. d.R. keine unmittelbar spürbare Belohnung für seine Compliance. Infolgedessen tendiert der Patient – insbesondere der chronisch Kranke – dazu, die Entscheidung auf Grundlage seiner gegenwärtigen Interessen zu treffen. Die Patienten unterschätzen längerfristige Erfolge und den Nutzen von Therapien (Hermstrüwer 2018, S. 22). Eine vollständige Therapie stellt regelmäßig eine Überforderung dar, da die vollständige Genesung als zu große Aufgabe angesehen wird (Hermstrüwer 2018, S. 23).

12.4 Das Verhalten der Ärzte

Um den Prinzipien des „Moral Hazard“ und „Behavioral Hazard“ entgegenzuwirken, darf man den Patienten nicht als passiv ansehen. Das „paternalistische Modell“ (lat. pater = Vater) beschreibt das Arzt-Patienten-Verhältnis als ein väterliches-bestimmendes Verhalten des Arztes gegenüber dem Patienten. Der Arzt übt dabei die dominante Rolle aus, der Patient hat in diesem Modell eine untergeordnete, passive Rolle. Er gibt dem Arzt lediglich Informationen über seine Symptome, sodass der Arzt eine Diagnose stellen und daraus eine Therapie ableiten kann. Damit entscheidet allein der Arzt aus einer übergeordneten Position. Die Zustimmung des Patienten ist dabei reine Formsache und erfolgt nur in eingeschränkter Form (Emmanuel und Emmanuel 1992; Klemperer 2006). Das paternalistische Modell gilt jedoch als überholt, da die individuellen Interessen, Bedürfnisse und Wünsche der Patienten maßgeblich für eine Therapieentscheidung sind.

Die Patientenautonomie rückt aufgrund des Einflusses von Medien sowie der Veränderungen von öffentlichen Grundsätzen und damit einhergehend der Erwartungen an die Ärzte immer mehr in den Fokus. Der Arzt muss nun auf den Patienten entsprechend reagieren. Das „informative Modell" beschreibt dabei eine Arzt-Patienten-Beziehung, die dem Arzt die passive Rolle zuschreibt. Er stellt die medizinischen Informationen zur Verfügung, auf deren Grundlage allein der Patient die Entscheidung über seine Therapie trifft. Der Patient lässt dabei seine Werte und die spezifischen Lebensumstände in die Entscheidung miteinfließen. Der Arzt hält sich aus der Entscheidung heraus, setzt sie aber letztendlich um (Klemperer 2006).

Eine Weiterentwicklung dieses Modells bzw. einen möglichen Mittelweg zwischen paternalistischem und informativem Modell stellt das „Shared Decision Making" (SDM) dar. Das SDM stellt das am weitesten entwickelte Konzept einer patientenzentrierten Arzt-Patienten-Kommunikation dar und wird aus diesem Grund im folgenden Absatz genauer beschrieben (Klemperer und Rosenwirth 2005, S. 71).

Bedingt durch den informierten und mündigen Patienten rückt dieses Modell den Patienten mit seinen Bedürfnissen, Präferenzen und eigenen Werten in den Fokus. Die Beteiligung von mehreren Personen ist auf jeder Seite möglich. Der Patient kann beispielsweise seine Familie miteinbeziehen, der Arzt kann mit einem interdisziplinären Team zusammenarbeiten. Letztere sind für das Einbringen ihres Fachwissens sowie die verständliche Erklärung von Behandlungsoptionen mit den jeweiligen Risiken zuständig. Die Kommunikation in diesem Konzept erfolgt also zweiseitig. Sowohl der Arzt als auch der Patient stellen Fragen und beantworten diese. Hierfür bezieht der Arzt seinen Gesprächspartner in alle wichtigen Aspekte mit ein. Eine gemeinsame Therapieentscheidung steht am Ende einer ausführlichen Beratung. Eine intensive Interaktion anhand gegenseitiger Informationsbereitstellung mit Fokus auf den Patienten ist somit unabdingbar. Voraussetzung für eine gelingende Kommunikation ist jedoch die Interaktions- und Kommunikationskompetenz von Ärzten. Eine solche Kommunikation erfordert in jedem Fall ein hohes Zeitbudget sowie eine fachliche Kompetenz des Behandlers, um auf alle Fragen des Patienten eingehen zu können (Koch-Gromus und Kreß 2012, S. 1083).

In einer Literaturrecherche zum „Shared Decision Making" konnten Autoren des Deutschen Ärzteblattes (2007) feststellen, dass ein solches Modell mit einer *„aktiveren Beteiligung des Patienten am medizinischen Behandlungsprozess"*, einer *„Verringerung von Entscheidungskonflikten"*, einer *„Abnahme der Unentschlossenheit gegenüber Behandlungen"* sowie einer *„Verbesserung der Arzt-Patienten-Kommunikation"* einhergeht (Loh et al. 2007). Die Implementierung eines solchen Modells in die haus- bzw. fachärztliche Versorgung wäre in jedem Fall begrüßenswert.

Einige Patienten sowie Ärzte haben jedoch Probleme mit dieser patientenzentrierten Entscheidungsfindung. So wünschen sich die Patienten oftmals paternalistische Strukturen, da sie sich nicht an der Entscheidung beteiligen wollen und sich in dieser Rolle überfordert fühlen. Das SDM kann zwar in vielen Arzt-Patienten-Situationen geeignet sein, es gibt jedoch Situationen, in denen das SDM-Prinzip eher als ungeeignet angesehen werden kann und der Entscheidungsprozess nicht unbedingt gemeinsam stattfinden sollte. So kann in der dringenden Akuttherapie ernsthafter Erkrankungen, d. h. in Notfällen, die Entscheidung oft nicht gemeinsam vorgenommen werden, da der Arzt hier unmittelbar nach der Diagnose über die Therapie entscheiden muss (Rosinger 2012, S. 26).

Das „Shared Decision Making" ist v. a. bei chronischen Erkrankungen erwünscht, bei denen die Behandlung nicht nur eine kurze Angelegenheit ist, sondern womöglich ein Leben lang andauern und somit große Auswirkungen haben kann. Ebenso bestehen bei chronischen Erkrankungen in der Regel mehrere Therapiealternativen, die im Rahmen des SDM ausführlich geklärt werden könnten. Den Patienten kann hier die Möglichkeit gegeben werden, die Krankheit in das Leben zu integrieren und mit ihr akzeptabel leben zu können (Rosinger 2012, S. 26).

Fazit

Das Arzt-Patienten-Verhältnis ist durch viele Merkmale gekennzeichnet. Grundsätzlich bestehen im Rahmen dessen drei grundlegende Beziehungen: zwischen Arzt und Patient, zwischen Patient und Krankenversicherung und zwischen Versicherung und Arzt. Besonders die Arzt-Patienten-Beziehung wird durch verschiedene Faktoren beeinflusst.

Zentral scheint in jedem Fall die Wertschätzung des Patienten zu sein. Dabei sollte sich der Arzt in den Patienten hineinversetzen und ihn verstehen können. Der Patient soll individuelle Entscheidungen treffen können. Das Fachwissen des Arztes darf jedoch nicht vernachlässigt werden. Die Expertise trägt einen wesentlichen Anteil zur Entscheidung des Patienten bei. Die Veränderung der Arzt-Patienten-Beziehung in den letzten Jahrzehnten trägt dazu bei, dass die Bedürfnisse und Lebensumstände der Patienten in den Fokus einer ärztlichen Behandlung rücken. Die Beziehungsqualität und damit das Vertrauen innerhalb der Arzt-Patienten-Beziehung sind äußerst relevant für die Implementierung von Behandlungsmethoden und die Akzeptanz von Therapien. So gaben in einer Forsa-Umfrage 58 % der Befragten an, dass ein „gutes Verhältnis zum behandelnden Arzt auf menschlicher Ebene" ihnen „sehr wichtig" erscheint, 36 % der Befragten gaben an, dass es ihnen „wichtig" ist (forsa Politik- und Sozialforschung GmbH 2016, S. 23).

Eine Möglichkeit, um eine fachlich kompetente und wertschätzende Beratung zu garantieren, stellt das Modell des „Shared Decision Making" dar. Dieses sollte aufgrund der nachgewiesenen positiven Effekte in jedem Fall Bestandteil der Arzt-Patienten-Interaktion sein.

Vertraut der Patient seinem Arzt, erzählt er in der Regel mehr Intimes und fühlt sich in einer für ihn eher unbequemen Situation wohl. Therapien werden besser angenommen und die Patientencompliance steigt. Der Patient kann seinerseits den Heilungserfolg durch sein gesundheitsrelevantes Verhalten beeinflussen. Durch das Prinzip des „Moral Hazard" kann es jedoch dazu kommen, dass der Patient sich unvorsichtiger verhält. Das mangelnde behandlungsbegleitende Verhalten kann ebenso durch das unzureichende medizinische Wissen, das durch ein Defizit in der Informationsvermittlung verstärkt wird, zustande kommen.

Die ausführliche Beratung – sei es im Gespräch mit dem indikationsstellenden oder mit dem zweitmeinungsgebenden Arzt – sollte das Fundament jedes Arzthandelns darstellen, um eine Asymmetrie zwischen Arzt und Patient zu verhindern. Die Sprache des Arztes muss in jedem Fall sorgfältig gewählt werden, verständlich und der Situation angepasst.

Literatur

Anderson, L., & Dedrick, R. (1990). Development of the trust in physician scale: A measure to assess interpersonal trust in patient-physician relationships. *Psychological Reports, 67*(3), 1091–1100. https://doi.org/10.2466/pr0.1990.67.3f.1091.

Antfang, P., & Urban, D. (1994). „Vertrauen" – soziologisch betrachtet. Ein Beitrag zur Analyse binärer Interaktionssysteme. Schriftenreihe des Instituts für Sozialforschung der Universität Stuttgart.

Barmer Internetredaktion. (2019). *BARMER-Umfrage zur Zweitmeinung.* https://www.barmer.de/presse/presseinformationen/pressemitteilungen/pressearchiv-2019/umfrage-zweitmeinung-192230. Zugegriffen am 04.05.2020.

Baumgart, J. (2010). Ärzte und informierte Patienten: Ambivalentes Verhältnis. *Deutsches Ärzteblatt, 107*, 51–52.

Bergner, T. M. H. (2009). *Wie geht's uns denn? Ärztliche Kommunikation optimieren.* Stuttgart: Schattauer.

Berry, L., & Bendapundi, N. (2007). Health care: A fertile field for service research. *Journal of Service Research, 10*(2), 111–122. https://doi.org/10.1177/1094670507306682.

Buchanan, A. (2000). Trust in managed care organizations. *Kennedy Institute of Ethics Journal, 10*(3), 189–212. https://doi.org/10.1353/ken.2000.0018.

Dietz, F. (2008). *Psychologie 3 – Medizinische Soziologie* (Bd. 3). Medi-Learn.

Emanuel, E. J., & Emanuel, L. L. (1992). Four models of the physician-patient relationship. *JAMA: The Journal of the American Medical Association, 267*(16), 2221–2226. https://doi.org/10.1001/jama.267.16.2221.

Glattacker, M., Gülich, M., Farin, E., & Jäckel, W. (2007). Vertrauen in den Arzt („VIA") – Psychometrische Testung der deutschen Version der „Trust in Physician Scale". *Physikalische Medizin, Rehabilitationsmedizin, Kurortmedizin, 17*(3), 141–148. https://doi.org/10.1055/s-2007-940008.

Gottschlich, M. (2012). *Sprachloses Leid: Wege zu einer kommunikativen Medizin. Die heilsame Kraft des Wortes.* Wien: Springer.

Hermstrüwer, Y. (2018). Anreize und Nudging zur Patientencompliance: Staatliche Entscheidungen über Heilung und Ressourcenverteilung. *Gesundheits-Recht, 17*(1), 21–27. https://doi.org/10.9785/gesr-2018-0109.

Jünger, J. (2018). *Ärztliche Kommunikation: Praxisbuch zum Masterplan Medizinstudium 2020.* Stuttgart: SCHATTAUER.

Klemperer, D. (2006). Vom Paternalismus zur Partnerschaft: Der Arztberuf im Wandel. In J. Pundt (Hrsg.), *Professionalisierung im Gesundheitswesen*. Mannheim: Huber.

Klemperer, D., & Rosenwirth, M. (2005). *Shared Decision Making: Konzept, Voraussetzungen und politische Implikationen*. Gütersloh: Bertelsmann Stiftung.

Koch-Gromus, U., & Kreß, H. (2012). Arzt-Patienten-Verhältnis. *Bundesgesundheitsblatt – Gesundheitsforschung – Gesundheitsschutz, 55*(9), 1081–1084. https://doi.org/10.1007/s00103-012-1541-0.

Lamers, W. (2017). Arzt-Patienten-Kommunikation: Mehr Klartext, weniger Fachjargon. *Deutsches Ärzteblatt, 114*(8), 2–4.

Loh, A., Simon, D., Kriston, L., & Härter, M. (2007). Patientenbeteiligung bei medizinischen Entscheidungen – Effekte der Partizipativen Entscheidungsfindung aus systematischen Reviews. *Deutsches Ärzteblatt, 104*, 1254–1259.

Rosinger, L. (2012). *Möglichkeiten und Grenzen der partizipativen Entscheidungsfindung – eine Befragung von Ethikern mittels eines faktoriellen Survey*. http://archiv.ub.uni-marburg.de/diss/z2013/0532/pdf/dlr.pdf. Zugegriffen am 06.05.2020.

Schaeffer, D., Vogt, D., Berens, E. M., & Hurrelmann, K. (2016). *Gesundheitskompetenz der Bevölkerung in Deutschland*. https://www.uni-bielefeld.de/gesundhw/ag6/downloads/Ergebnisbericht_HLS-GER.pdf. Zugegriffen am 06.05.2020.

Schneider, U. (2002). Beidseitige Informationsasymmetrien in der Arzt-Patient-Beziehung: Implikationen für die GKV. *Vierteljahreshefte zur Wirtschaftsforschung, 71*(4), 447–458. https://doi.org/10.3790/vjh.71.4.447.

Schwegler, K., & Alon, E. (2015). Vertrauen in der Arzt-Patienten-Beziehung. In J. Baer & W. Rother (Hrsg.), *Vertrauen* (S. 153–160). Basel: Schwabe.

Shaffer, T. R., & Sherrell, D. L. (1995). Exploring patient role behaviors for health care services. *Health Marketing Quarterly, 13*(1), 19–35. https://doi.org/10.1300/j026v13n01_03.

Simon, A. (2010). *Der Informationsbedarf von Patienten hinsichtlich der Krankenhausqualität: Eine empirische Untersuchung zur Messung des Involvements und der Informationspräferenzen*. Wiesbaden: Gabler.

Singh, J., & Sirdeshmukh, D. (2000). Agency and trust mechanisms in consumer satisfaction and loyalty judgments. *Journal of the Academy of Marketing Science, 28*(1), 150–167. https://doi.org/10.1177/0092070300281014.

Straten, G. F. M., Friele, R. D., & Groenewegen, P. P. (2002). Public trust in Dutch health care. *Social Science & Medicine, 55*(2), 227–234. https://doi.org/10.1016/s0277-9536(01)00163-0.

Sturm, E., Bahrs, O., Dieckhoff, D., Göpel, E., & Sturm, M. (Hrsg.). (2006). *Hausärztliche Patientenversorgung*. Stuttgart: Thieme Georg.

Thom, D., & Campbell, B. (1997). Patient-physician trust: An exploratory study. *The Journal of Family Practice, 44*(2), 169–176. https://pubmed.ncbi.nlm.nih.gov/9040520/.

Watzlawick, P., Beavin, J. H., & Jackson, D. (2000). *Menschliche Kommunikation. Formen, Störungen, Paradoxen*. Bern: Hans Huber.

Wille, E., & Ulrich, V. (1991). Bestimmungsfaktoren der Ausgabenentwicklung in der gesetzlichen Krankenversicherung (GKV). In K. Hansmeyer (Hrsg.), *Finanzierungsprobleme der sozialen Sicherung II* (S. 9–104). Berlin: Duncker & Humblot.

13

Die steigende Anzahl von Operationen – eine ökonomische Betrachtungsweise

„Deutschland ist eine Hochburg für operative Eingriffe am Bewegungs-apparat" (Demuth und Berg 2019). „In kaum einem anderen Land wird so viel operiert wie in Deutschland" (dpa 2014).

Sieht man sich die statistischen Zahlen hinter diesen Aussagen an, er-kennt man, dass sie nicht sinnlos sind. Denn laut dem Statistischen Bundesamt wurden im Berichtsjahr 2018 insgesamt 61,3 Millionen (im Vorjahr noch 60 Mio.) Operationen und medizinische Prozeduren (nichtoperative therapeutische Maßnahmen, bildgebende Diagnostik, diagnostische Maßnahmen, ergänzende Maßnahmen) durchgeführt. 16,9 Millionen dieser Patienten wurden operiert.

Etwa 4,7 Millionen (2015: 4,6 Mio.) Patienten wurden im Jahr 2018 an den Bewegungsorganen operiert – Tendenz steigend. Vor allem Ope-rationen an der Wirbelsäule waren mit einer Anzahl von 827.103 äußerst beliebt (Spindler 2018, S. 306 f.). Die Zahl der Wirbelsäulen-OPs hat sich zwischen 2005 und 2011 verdoppelt. Von 2007 bis 2015 hat sie sich sogar um 71 Prozent von 452.000 auf 772.000 erhöht (Volbracht et al. 2017, S. 2).

Der drastische Anstieg der Rücken- und Wirbelsäulenoperationen stellt nur ein Beispiel von vielen dar. Dieses Kapitel soll u. a. dazu dienen,

V. Nürnberg, M.-T. Meier, *Patientenrecht Zweitmeinung*, https://doi.org/10.1007/978-3-658-14426-5_13

die Beweggründe für die Einführung eines Rechts auf Zweitmeinung bei mengenanfälligen Eingriffen zu verdeutlichen.

13.1 Fallpauschalen

Das DRG-Fallpauschalensystem stellt einen Hauptgrund für den Anstieg der Operationen in Deutschland dar. Medizinische Leistungen bzw. Behandlungen werden demnach nicht nach Behandlungszeitraum vergütet, sondern nach ihrer Anzahl. Die Eingruppierung in die Fallpauschale wird durch die Krankheitsart (Diagnose), den Schweregrad der Erkrankung sowie die erbrachten Leistungen (Operationen und Prozeduren) bestimmt. Für Patienten mit leichten Erkrankungen gibt es somit eine geringere Vergütung als für Patienten mit einer schweren, aufwändigen Erkrankung. Die Fallpauschale kalkuliert die Vergütung für eine definierte Erkrankung und deren Behandlung in einer bestimmten Bandbreite der Verweildauer. Ist die Behandlung eines Patienten aufwendiger als durch die pauschale Vergütung gedeckt, macht das Krankenhaus Verlust. Schafft es das Krankenhaus, wirtschaftlicher zu arbeiten als bei der Kalkulation der DRG-Pauschale berechnet, lässt sich ein Gewinn erzielen. Seit dem Jahr 2020 ist zwar die Krankenhausvergütung auf eine Kombination von Fallpauschalen und einer Pflegekostenvergütung (Pflegebudget) umgestellt (Bundesgesundheitsministerium 2020). Die Pflegepersonalkosten sind nun aus dem DRG-Fallpauschalensystem ausgegliedert („aG-DRG") und werden durch ein krankenhausindividuelles Pflegebudget finanziert. Jedoch basiert dieses neue Fallpauschalensystem wie bisher auf Leistungen.

Die Orientierung an wirtschaftlichen Zielen wirkt sich u. a. negativ auf die Patienten aus, denn das DRG-System gibt Anreize, die Behandlungen zu fragmentieren, die Verweildauer der Patienten im Krankenhaus zu verkürzen und somit aus einem längeren Aufenthalt mehrere kurze zu machen (Flintrop 2006). Der Anstieg der Operationen kann so auch mit dem DRG-System begründet werden. Schreyögg und Busse untersuchten in ihrer Studie den Zusammenhang zwischen der Mengenausweitung in den Krankenhäusern und dem Preis. Die Studienergebnisse zeigen, dass Krankenhäuser vor allem die Anzahl jener Operationen steigern, die sich finanziell lohnen. Kritiker dieser Studie begründen die Mengenausweitung mit mehreren Einflussfaktoren, z. B. dem medizinischen Fortschritt, den Erwartungen der Patienten, veränderten Lebensgewohnheiten oder den sich ändernden Wechselwirkungen mit der ambulanten Versorgung (Flintrop 2014). Fakt ist, dass mehrere Einflussfaktoren auf die drastisch ansteigende Zahl der Operationen einwirken. Dennoch scheint das lukrative Geschäft mit den OPs aufgrund des DRG-Systems Fehlanreize zu setzen. Diese werden u. a. durch sog. „leistungsbezogene Zielvereinbarungen" verstärkt.

13.2 Zielvereinbarungen

Einen weiteren Grund für den Anstieg von Operationen stellen sog. „leistungsbezogene Zielvereinbarungen" dar, die zwischen dem Arbeitgeber und den Ärzten geschlossen werden. Diese Zielvereinbarungen oder auch Chefarzt-Boni beinhalten meistens Umsatzziele, an denen die Ärzte beteiligt sind. Dabei bekommen die Ärzte einen Bonus, wenn sie wirtschaftlich erfolgreich waren. So kann z. B. ein mögliches Ziel einer Abteilung die Steigerung von Knieprothesen-OPs oder Rückenoperationen sein. Dies verstößt nicht nur gegen die Muster-Berufsordnung der Ärzte, die besagt, dass ihre Unabhängigkeit oder ihre medizinischen Entscheidungen nicht durch eine Vergütung beeinflusst werden dürfen, sondern setzt auch völlig falsche Anreize. Die Veröffentlichung von Qualitätsberichten soll die Krankenhäuser davon abhalten, Boni für bestimmte OP-Mengen zu vereinbaren. Nach § 135c SGB V dürfen in den Zielvereinbarungen keine finanziellen Anreize für „einzelne Leistungen, Leistungsmengen, Leistungskomplexe oder Messgrößen" geschaffen werden. Der Qualitätsbericht sollte darüber Auskunft geben, ob sich die Krankenhäuser bei den Verträgen mit leitenden Ärzten an diese Empfehlungen halten. Die Berichte können zwar bezüglich der Qualitätsaspekte bei der Wahl eines Krankenhauses hilfreich sein, sind jedoch für den Patienten oftmals unverständlich formuliert. Das Institut für Qualitätssicherung und Transparenz im Gesundheitswesen (IQTiG) hat im Januar 2019 vom G-BA den Auftrag erhalten, ein sog. „G-BA Qualitätsportal" zu entwickeln, das u. a. *„einrichtungsbezogene, vergleichende und* *indikationsbezogene Übersichten über die Qualität der stationären Versorgung enthalten soll"* (vdek – Die Ersatzkassen 2020). Das IQTiG arbeitet derzeit noch am Krankenhaus-Qualitätsportal, muss jedoch bis zum 31. Dezember 2020 dem G-BA den Bericht vorlegen (G-BA 2019). Das IQTIG hat mit Schreiben vom 8. Mai 2020 mitgeteilt, dass sich die gemäß Beauftragung bis zum 31. Dezember 2020 vorgesehene Abgabe des Berichts bis zum 15. November 2021 verzögern wird.

13.3   Mindestmengenregelung

Im Jahr 2018 ist eine reformierte Mindestmengenregelung in Kraft getreten, nach welcher die Krankenhäuser bereits im Vorfeld eine Prognose abgeben müssen, die über die Erreichung der Mindestmengen an Operationen informiert (GKV Spitzenverband 2018). Mit diesem Verfahren soll gewährleistet werden, dass schwierige Operationen und Behandlungen nur in Kliniken durchgeführt werden, die ein Mindestmaß an Erfahrungen haben (Hemschemeier et al. 2019, S. 2 f.). Hintergrund sind zahlreiche Studien, die in den vergangenen vier Jahrzehnten den Zusammenhang zwischen der Höhe der Fallzahlen in einer Klinik und der dortigen Behandlungsqualität belegt haben (Hemschemeier et al. 2019, S. 3).

Eine Auswertung der Bertelsmann Stiftung jedoch ergab, dass die Regelung häufig von den Krankenhäusern missachtet wird. Das Problem sind erneut die Qualitätsberichte der Krankenhäuser, die vom G-BA nicht auf ihre Plausibilität und Vollständigkeit überprüft werden. Demnach werden komplizierte OPs trotz fehlender Erfahrung im Klinikalltag durchgeführt. 2016 wurden beispielsweise in Deutschland 170 000 Mindestmengeneingriffe ausgeführt, davon 3000 unter der Mindestmenge sowie 900 Eingriffe unter der Mindestmenge und ohne triftigen Grund (Felke et al. 2018). Kliniken bieten also Operationsmethoden an, die ihnen viel Geld bringen, obwohl ihnen die entsprechende Erfahrung bzw. die dafür spezialisierten Ärzte fehlen.

Zudem bekommen Krankenhäuser ein prospektives Budget, das auf einem aus der Vergangenheit abgeleiteten zu erwartenden Leistungsvolumen resultiert und somit die Häufigkeit der Operationen negativ beeinflussen kann. Nach Behrends und Vollmöller (2019, S. 91) liegt das Hauptproblem darin, dass nicht das Unterlassen einer Operation vergütet wird, sondern nur die tatsächliche Durchführung der Operation.

13.4 Sinnlose Operationen

Das DRG-System, die Zielvereinbarungen und die Mindestmengenregelungen führen dazu, dass eine hohe Anzahl an sinnlosen Operationen durchgeführt wird. Knie-, Hüft- und Rückenoperationen lohnen sich für die Kliniken besonders. So klingt es zunächst plausibel, z. B. eine Knieoperation durchzuführen, die eigentlich nicht notwendig wäre. Unterscheiden lässt sich hier zwischen einer Operation, die für den Patienten nicht notwendig wäre, z. B. aufgrund seines Alters, und einer Operation, die keinen Nutzen bringt.

Forscher der University of Oxford sind in ihrer „Lancet-Studie" zu dem Ergebnis gekommen, dass es beispielsweise bei einem subakromialen Schulterschmerz-Syndrom häufig zu unnötigen Operationen (Schulterarthroskopie) kommt. 2017 wurden 92.000 Patienten mit Schulterschmerzen aufgrund dieser Indikation operiert, die Zahl hatte in den Jahren zuvor stetig zugenommen. Auffällig ist, dass es keine einheitliche Leitlinie zur Indikationsstellung gibt. Mit einer gezielten konservativen Therapie könnte oftmals auf einen operativen Eingriff verzichtet werden (Soleimanian 2009). Das zeigen auch arthroskopische Eingriffe zur Behandlung degenerativer Schäden am Kniegelenk bei Patienten im mittleren Alter. Hier kann eine Operation langfristig nur eine unwesentlich bessere schmerzlindernde Wirkung als eine konservative Behandlung bewirken (Deutsches Ärzteblatt 2015).

Die Zahl der Eingriffe nach einem Bandscheibenvorfall ist seit 2007 um rund 9 % gestiegen (Stand 2018). Dabei hilft in neun von zehn Fällen eine konservative Therapie und die Operation sollte nur die letzte Option darstellen (Klammer 2018). Bruce Moseley untersuchte in seiner Studie den Einfluss eines arthroskopischen Verfahrens, der Knorpelglättung und der Knorpelspülung, auf das Wohl der Patienten. Hierzu teilte er 180 Studienteilnehmer in drei Gruppen ein. Bei 60 Patienten wurde unter Vollnarkose das Knie durchgespült, bei weiteren 60 Patienten wurde der Knorpel geglättet und bei den restlichen 60 Patienten erfolgte eine Scheinoperation. Bei dieser Operation bekommt der Patient zwar eine Vollnarkose und einen Schnitt in die Haut, das Knie bleibt aber unbehandelt. Zwei Jahre nach der OP wurden die Patienten erneut untersucht. Im Vergleich zeigten die Gruppen keine Unterschiede in der Beweglichkeit oder der jeweiligen subjektiven Einschätzung. Somit konnte Mosely beweisen, dass eine Arthroskopie keinen Vorteil mit sich bringt (Huriet 2006, S. 76 f.). Auch das IQWiG bestätigte diese These 2013. Nach deren Übersichtsanalysen wird die Arthroskopie im Kern negativ beurteilt. *„Das heißt, bei der Indikation Kniegelenksverschleiß glauben wir nicht, dass die Arthroskopie – sei es mit Knorpel- oder Meniskusglättung oder nur ein reines Durchspülen – einen Vorteil hat"*, so der Leiter der IQWiG-Abteilung für nichtmedikamentöse Therapien.

Grundsätzlich gilt es streng abzuwägen, wann eine Operation wirklich sinnvoll erscheint und wann nicht. Durch das lohnende Geschäft mit einigen operativen Eingriffen kann es durchaus dazu kommen, dass für den Patienten unnötige Operationen durchgeführt werden.

Fazit

Anhand der vorangegangenen Kapitel wird ersichtlich, dass es v. a. die ökonomischen und betriebswirtschaftlichen Gründe sind, die die in den Krankenhäusern tätigen Ärzte dazu verleiten, auch Leistungen zu erbringen, deren Indikationsstellungen nicht eindeutig gegeben sind. Der finanzielle Nutzen, der mit Fallpauschalen, Boni sowie Mindestmengenregelungen verstärkt wird, muss gründlich überdacht werden. Verbunden mit der niedrigen Bezahlung einer konservativen Therapie könnte dieser die Ursache für den auffälligen Anstieg von Operationen darstellen. Durch die Fehlanreize und die Überkapazitäten der Krankenhauslandschaft werden die Ärzte dazu angehalten, möglichst viel zu operieren. Einen denkbaren Ansatz könnte die Reduzierung von Kliniken in Ballungsräumen darstellen. Die Qualität der Versorgung könnte somit steigen.

Nach den Ausführungen liegt es dennoch nahe, dass auch die gesetzlichen Krankenversicherungen, die diese Leistungen bezahlen müssen, ein hohes Interesse haben, die Ausgaben für unnötige Operationen zu verringern. Die stetig ansteigende Zahl an Operationen wirkt sich nicht nur negativ auf die Kosten der Krankenversicherung, sondern auch in erster Linie auf das Wohl der Patienten aus. Das Zweitmeinungsverfahren, das in diesem Rahmen immer mehr Beachtung findet, sollte hier einen möglichen Ansatzpunkt zur Reduzierung unnötiger Operationen darstellen.

Literatur

Behrends, B., & Vollmöller, T. (2019). *Praxishandbuch Krankenhausfinanzierung: Krankhausfinanzierungsgesetz, Krankenhausentgeltgesetz, Psych-Entgeltgesetz, Bundespflegesatzverordnung* (3. Aufl.). Berlin: MWV Medizinisch Wissenschaftliche Verlagsgesellschaft.

Bundesgesundheitsministerium. (2020). *Krankenhausfinanzierung.* https://www.bundesgesundheitsministerium.de/krankenhausfinanzierung.html. Zugegriffen am 22.08.2020.

Demuth, N. F., & Berg, A. (2019). *Operation: Das Geschäft mit der Krankheit (German Edition).* Hamburg: tredition.

Deutsches Ärzteblatt. (2015). *Meta-Analyse: Arthroskopische Eingriffe am Knie mit begrenzter Wirkung. Deutsches Ärzteblatt.* https://www.aerzteblatt.de/nachrichten/63169/Meta-Analyse-Arthroskopische-Eingriffe-am-Knie-mit-begrenzter-Wirkung. Zugegriffen am 22.08.2020.

dpa. (2014). *Wende bei Zahl der Operationen im Südwesten.* https://www.kma-online.de/aktuelles/medizin/detail/wende-bei-zahl-der-operationen-im-suedwesten-a-28407. Zugegriffen am 22.08.2020.

Felke, C., Mohr, M., Nau, N., Ringler, N., & Turczynski, J. (2018). *Mindestmengen – Komplexe OPs, keine Kontrolle.* https://web.br.de/interaktiv/mindestmengen/. Zugegriffen am 22.08.2020.

Flintrop, J. (2006). Auswirkungen der DRG-Einführung: Die ökonomische Logik wird zum Maß der Dinge. *Deutsches Ärzteblatt, 103*(46). https://www.aerzteblatt.de/archiv/53507/Auswirkungen-der-DRG-Einfuehrung-Die-oekonomische-Logik-wird-zum-Mass-der-Dinge. Zugegriffen am 22.08.2020.

Flintrop, J. (2014). Unnötige Operationen: Den Druck mindern. *Deutsches Ärzteblatt, 111*(29–30). https://www.aerzteblatt.de/archiv/161091/Unnoetige-Operationen-Den-Druck-mindern. Zugegriffen am 22.08.2020.

Gemeinsamer Bundesausschuss. (2019). *G-BA aktuell Nr. 1/2019 [Pressemeldung]*. https://www.g-ba.de/presse/newsletter/159/. Zugegriffen am 23.08.2020.

GKV Spitzenverband. (2018). *Neue Mindestmengenregelung für Krankenhäuser – GKV-Spitzenverband*. https://www.gkv-spitzenverband.de/gkv_spitzenverband/presse/meldungen/einzelne_meldungen/2018/mindestmengen_2.jsp. Zugegriffen am 23.08.2020.

Hemschemeier, M., Bittkowski, M., & Stollorz, V. (2019). *Mindestmengen im Krankenhaus – Bilanz und Neustart*. Frankfurt: Bertelsmann Stiftung.

Huriet, C. (2006). *Biomedizinische Forschung - ethisch betrachtet*. Münster: LIT.

Klammer, V. (2018). *Bandscheiben-OPs: Bei 9 von 10 Patienten ist Eingriff vermeidbar*. https://www.focus.de/gesundheit/ratgeber/ruecken/bandscheiben-ops-bei-9-von-10-patienten-ist-eingriff-vermeidbar_id_9060889.html. Zugegriffen am 23.08.2020.

Soleimanian, A. (2009). Schultererkrankungen: Chirurgen sollten Geduld für die konservative Therapie aufbringen. *Deutsches Ärzteblatt, 106*(14). https://www.aerzteblatt.de/archiv/64007/Schultererkrankungen-Chirurgen-sollten-Geduld-fuer-die-konservative-Therapie-aufbringen. Zugegriffen am 23.08.2020.

Spindler, J. (2018). Fallpauschalenbezogene Krankenhausstatistik: Diagnosen und Prozeduren der Krankenhauspatienten auf Basis der Daten nach § 21 Krankenhausentgeltgesetz. In J. Klauber, M. Geraedts, J. Friedrich & J. Wasem (Hrsg.), *Krankenhaus-Report 2018* (S. 407–433). Stuttgart: Schattauer.

vdek – Die Ersatzkassen. (2020). *Wie bewerten Versicherte die Krankenhausversorgung?* https://www.vdek.com/magazin/ausgaben/2020-01/forsa-umfrage.html. Zugegriffen am 23.08.2020.

Volbracht, E., Fürchtenicht, A., & Grote-Westrick, M. (2017). Rückenoperationen – Der Wohnort bestimmt, ob Patienten ins Krankenhaus kommen, konservativ behandelt oder operiert werden. *Spotlight Gesundheit*. https://www.bertelsmann-stiftung.de/fileadmin/files/BSt/Publikationen/GrauePublikationen/VV_SpotGes_Rueckenoperation_dt_final.pdf. Zugegriffen am 23.08.2020.

14

Vor- und Nachteile des Zweitmeinungsverfahrens

Mit der Einführung des Rechts auf Zweitmeinung ergeben sich sowohl für die gesetzlichen Krankenkassen und die Patienten als auch für Ärzte einige Vorteile. Ein Lösungsansatz, der nicht nur die Durchführung mengenanfälliger Leistungen reduzieren könnte, sondern auch den Therapieerfolg für die Patienten wahrscheinlicher macht. Doch durch das Einholen einer zweiten Meinung können sich auch Nachteile für Patienten und Ärzte ergeben. Welche Vor- und Nachteile auftreten können und was letztendlich überwiegt, wird in diesem Kapitel näher beleuchtet.

14.1 Vorteile für die Krankenkasse

Die Ausgaben der gesetzlichen Krankenkassen für ärztliche Behandlungen steigen immer weiter an. Lagen die Ausgaben 2013 noch bei 31,43 Milliarden Euro, so lagen sie 2019 bereits bei 41,08 Milliarden Euro (GKV-Spitzenverband 2020). Mit den steigenden Fallzahlen der Operationen, die zwar mit vielen verschiedenen Einflussfaktoren einhergehen, aber teilweise nicht medizinisch erklärbar sind, könnte eine Ursache für

V. Nürnberg, M.-T. Meier, *Patientenrecht Zweitmeinung*, https://doi.org/10.1007/978-3-658-14426-5_14

die steigenden Ausgaben der GKV gefunden sein. Das Zweitmeinungsverfahren könnte einen wesentlichen Ansatzpunkt darstellen, der die
GKV in ihren Ausgaben entlasten könnte. Doch wie genau soll das funk-
tionieren?
Zur Veranschaulichung dieses Ansatzes soll folgendes Fallbeispiel dienen:

Fallbeispiel

Ein Arzt, der zu seinen finanziellen Vorteilen handelt, möchte möglichst
viele Indikationen für eine Operation (z. B. Wirbelsäulenoperation) stellen.
Kommt nun ein Patient mit Rückenproblemen, wird im schlimmsten Fall
eine Indikation für eine Operation gestellt, die nicht nötig wäre. Statt-
dessen könnten die Rückenprobleme möglicherweise mit einer konservativen Therapie behandelt werden. Sollte sich der Patient für eine zweite ärztliche Meinung entscheiden, lässt sich das Szenario zunächst von zwei Seiten
betrachten.
Die Vergütung der Operation erfolgt durch die GKV. Im Folgeschluss bedeutet dies, dass die GKV für den Anstieg der Operationen aufkommen
muss und dementsprechend die Gesundheitsausgaben für operative Eingriffe steigen. Die mengenanfälligen Eingriffe, wie z. B. Operationen an
der Wirbelsäule, sind jedoch häufig medizinisch nicht indiziert. Durch einen
weiteren Arztbesuch (Einholung einer Zweitmeinung) und eine mögliche
konservative Therapie sind die Kosten für die Krankenkassen zwar kurz-
fristig gesehen höher. Jedoch ist dieser Ansatz längerfristig mit niedrigeren
Behandlungskosten verbunden, da die Wahrscheinlichkeit, dass der Patient
mit einer konservativen Therapie einen nachhaltig verbesserten Gesundheitszustand erreicht, höher ist. Viele Erkrankungen können somit durch
eine konservative Therapie besser und erfolgreicher therapiert werden.
Ebenso können durch die Einholung einer zweiten Meinung Fehldiagnosen
minimiert und dadurch Kosten eingespart werden.

14.2   Vorteile für die Patienten

Das Zweitmeinungsverfahren hat nicht nur Vorteile für die Krankenkassen, sondern auch in erster Linie für die Patienten, die vor nicht notwendigen medizinischen Eingriffen geschützt werden sollen. Studien zu
Zweitmeinungsverfahren haben gezeigt, dass rund 85 Prozent der Opera-

tionen am Rücken aus medizinischer Sicht nicht alternativlos waren. Die Beschwerden hätten auch ohne Operation abgenommen. In der Folge heißt dies: 85 Prozent der Patienten, die am Rücken operiert wurden, gingen unnötige Risiken ein und haben ihrer Gesundheit eventuell mehr geschadet als genutzt. Neben den allgemeinen Risiken einer Operation werden die ursächlichen Beschwerden nicht behoben und somit weitere Behandlung durch einen Arzt notwendig (IKK classic 2020).

Besonders bei komplizierten Operationen oder einschneidenden Therapien scheint das Hinzuziehen einer fachlichen Einschätzung eines Spezialisten sinnvoll zu sein. Hier sind v. a. die „mengenanfälligen Eingriffe" zu erwähnen, die zwar für die Krankenhäuser lohnend sind (z. B. Implantation von Knie- und Hüftgelenken, Rückenoperationen usw.), bei denen aber eine konservative Therapie oftmals zu einem höheren und nachhaltigeren Behandlungserfolg führen würde. Die Lebensqualität sowie die Bedürfnisse des Patienten müssen dabei immer im Fokus der Therapieentscheidung stehen (Steinmetz und Delank 2017, S. 597).

Bei ernsthaften Erkrankungen, wie z. B. einer Krebserkrankung, kann eine zweite Meinung ebenso eine entscheidende Rolle einnehmen. Denn nicht alle Ärzte empfehlen die gleichen Therapiemöglichkeiten. Gerade durch den medizinischen Fortschritt gibt es hinsichtlich der Krebstherapie mehrere Möglichkeiten. Dieser Fortschritt sollte genutzt und mit einer professionellen Patientenberatung kombiniert werden, um so notwendige Therapiemaßnahmen einzuleiten. Sinnvoll scheint hier immer eine ganzheitliche Betrachtung der Beschwerdesituation zu sein, die durch Implementierung unterschiedlicher medizinischer Fachbereiche erfolgen kann. Behandlungsfehler und falsche Diagnosen könnten so möglichst gering gehalten werden.

14.3 Vorteile für den Arzt

Zunächst scheinen nur die Vorteile für Patienten und die Krankenversicherungen ersichtlich zu sein. Doch auch der behandelnde Arzt kann vom Einholen einer zweiten Meinung profitieren. Ärzte sind keine „Götter in Weiß", denn auch sie sind Menschen, die Fehler machen und sich irren können. In der medizinischen Branche können diese Fehler jedoch größere Konsequenzen nach sich ziehen. Bereits bei der Diagnosestellung können Fehler (z. B. durch Fehlinterpretationen von Befunden) entstehen, die letztendlich eine falsche Therapie bedingen (Köbberling 2013, S. 39).

Besonders der Arztberuf genießt höchstes Vertrauen und muss somit einer großen Verantwortung gegenüber dem Patienten gerecht werden (Ärztezeitung 2010). Der Arzt sollte am besten ein großes Wissensspektrum vorweisen können. Doch auch kompetente Mediziner können sich nicht immer hundertprozentig sicher sein. Die Wahrscheinlichkeit einer falschen Diagnosestellung bzw. einer falschen Wahl der Therapie, besonders bei komplexen Erkrankungen, ist folglich hoch.

So kann z. B. der Kardiologe zwar die Art und Ausprägung einer Herzerkrankung bestimmen, aber ein Radiologe das Röntgenbild detailliert bewerten. Mit dem technischen Fortschritt in der Medizin und der damit einhergehenden steigenden Komplexität werden Fehler immer häufiger. 2019 wurden 10.705 Behandlungsfehlergutachten von der Bundesärztekammer durchgeführt. Dabei wurden insgesamt 6.412 Fehler (+ 7,4 % im Vergleich zum Vorjahr) bestätigt und dementsprechend entschädigt (Bundesärztekammer 2019).

Eine mögliche Lösungsstrategie für diese Problematik stellt das Zweitmeinungsverfahren dar. Ein kollegialer Austausch kann die Ärzte nicht nur in ihrer Entscheidungskompetenz stärken, sondern auch das Wissen vergrößern. *„Zweitmeinungen können aus ärztlicher Sicht ein wichtiges Element der Qualitätssicherung sein, indem sie die Diagnosefindung unterstützen und den interkollegialen Austausch fördern"*, schreibt die Bundesärztekammer (Osterloh 2014). Das Einholen einer zweiten Meinung, sei es durch den Patienten oder durch den Arzt, lässt sich also v. a. bei schwierigeren Erkrankungen, die nicht zum alltäglichen Bild des Mediziners zählen, als positiv betrachten (Klug und Braun 2016, S. 2 f.). Das Zweitmeinungsverfahren ist zwar bei den mengenanfälligen Eingriffen gesetzlich bei einem unabhängigen Zweitmeiner vorgesehen, kann aber im individuellen Fall bzw. bei anderen medizinischen Erkrankungen und bei Unsicherheit bereits durch den indikationsstellenden Arzt, der sich mit Kollegen aus angrenzenden Fachgebieten austauscht, erfolgen. Somit muss nicht der Patient selbst die Initiative ergreifen, eine Zweitmeinung einzuholen.

Die Qualität der Diagnosestellung oder der Therapieentscheidung kann dadurch bereits beim indikationsstellenden Arzt äußerst hoch sein. Wie die Ärzte durch eine Zusammenarbeit weiterhin profitieren können, zeigen interdisziplinäre Teams, die sich über komplexe Erkrankungen in den Kliniken austauschen (Fußhoven 2018).

Im Team werden verschiedene medizinische Fachgebiete miteinander vernetzt. Insbesondere bei komplexen Erkrankungen kann eine fachübergreifende Zusammenarbeit eine für den Patienten individuelle und optimale Therapie ermöglichen. Dabei können neben verschiedenen Ärzten u. a. Physiotherapeuten, Pflegekräfte, Sozialarbeiter und Psychologen mit in das Team integriert werden und somit das Wissen mehrerer medizinischer Disziplinen genutzt werden. Sogenannte „Tumorboards" haben sich beispielsweise im onkologischen Fachbereich immer mehr etabliert. Das medizinische Team berät sich hier je nach Tumorart über die Therapie der Patienten (Homayounfar et al. 2015, S. 214 f.).

14.4 Nachteile des Zweitmeinungsverfahrens

Durch die Einholung einer Zweitmeinung können sich jedoch auch für Ärzte und Patienten Nachteile ergeben. Durch die Dokumentationspflichten im Zweitmeinungsverfahren muss mehr Zeit und infolgedessen mehr Geld eingeplant werden. Denn neben der allgemeinen Dokumentation muss nun auch die Aufklärung über das Recht auf eine Zweitmeinung, bei den in den Richtlinien genannten Eingriffen, dokumentiert und vom Patienten gegengezeichnet werden (Osterloh 2014).

Des Weiteren kann durch das Einholen einer zweiten Meinung das Vertrauensverhältnis zwischen indikationsstellendem Arzt und Patient gefährdet sein. Ärzte sehen sich häufig in ihrer Kompetenz angegriffen, sobald Patienten andere Meinungen zu ihrer Erkrankung einholen wollen. Der daraus folgende Vertrauensverlust kann der Therapie schaden. Aus diesem Grund sehen einige Patienten von einer zweiten Meinung ab, da dies das Vertrauensverhältnis negativ beeinflussen könnte (Deutsche Hirntumorhilfe 2020) (siehe Abschn. 14.2).

Auf der Seite des Patienten kann aufgrund einer differenzierenden Erst- und Zweitmeinung die Unsicherheit bezüglich der Indikation weiter ansteigen. Hier steht der Patient erneut vor einem Problem, wenn er nicht weiß, welcher Meinung er vertrauen kann bzw. welche Therapie die bessere für ihn ist. Ein Risiko besteht darin, dass der Patient von einer umfangreichen Diagnostik in eine Versorgungslücke fällt, da er keine konkrete und übereinstimmende Therapieempfehlung bekommen hat (Panten und Niehaus 2016, S. 73). Eine dritte Meinung könnte in diesem Fall hilfreich sein (siehe Kap. 9).

Fazit

Mit dem Zweitmeinungsverfahren können hinsichtlich der Krankenkasse die Mehrkosten des Verfahrens durch eine Reduktion der Operationszahlen aufgefangen werden. Der weitere Operationsanstieg kann vermieden werden und so eine finanzielle Entlastung der GKV stattfinden. Wichtig ist, dass zwischen verschiedenen Erkrankungen unterschieden werden muss. So sind es v. a. die mengenanfälligen planbaren Eingriffe, die für die Ärzte und Krankenhäuser besonders lukrativ sind und deswegen häufig durchgeführt werden. Die Notwendigkeit sollte dabei im Rahmen des Zweitmeinungsverfahrens infrage gestellt werden.

Ob sich ein wirtschaftlicher Erlös durch das Zweitmeinungsverfahren ergibt, lässt sich aufgrund vieler Faktoren, die hier miteinfließen, jedoch nur schwer feststellen. Umfassende Studien zu der Thematik sind bis dato (August 2020) nicht durchgeführt worden. Das Zweitmeinungsverfahren müsste – sobald eine Indikation eines planbaren mengenanfälligen Eingriffs gestellt wurde – häufiger genutzt werden, um in diesem Rahmen verlässliche Daten zu gewinnen.

Hierzu ist jedoch auch die Seite des erstbehandelnden Arztes zu beachten. Wäre die Qualität bereits bei der Erstberatung besser, z. B. anhand eines multiprofessionellen Teams, könnte der Weg zum zweiten Arzt erspart bleiben. Doppelte Arzthonorare und eine erneute Abrechnung von Untersuchungsunterlagen, sofern keine Unterlagen vom erstbehandelnden Arzt mitgenommen werden, würden so entfallen.

Generell kann davon ausgegangen werden, dass – ob die Ärzte in einen Austausch gehen oder die Patienten eine Zweitmeinung einholen – die

Qualität der Diagnose bzw. der Therapie gesteigert und Fehler reduziert werden können. Dabei sollen sich die Ärzte nicht in ihrer Kompetenz angegriffen fühlen. Durch den Austausch mit Kollegen oder dem Team können die Unsicherheit bezüglich einer komplexen Erkrankung sowie die dadurch entstehende Verantwortung gegenüber dem Patienten entscheidend gemindert werden. Die Ärzte können ferner vom jeweiligen Wissen der unterschiedlichen Fachdisziplinen nachhaltig profitieren. Diese Vorteile gehen eng mit denen der Patienten einher. Denn durch die richtige Wahl der Therapie bzw. eine richtige Indikationsstellung kann vor allem der Patient einen großen Nutzen aus dem Zweitmeinungsverfahren ziehen. Gerade bei schwerwiegenden Erkrankungen oder komplexen Operationen kann eine weitere Meinung bezüglich der Therapie hilfreich sein und dem Patienten mehr Sicherheit sowie bei der richtigen Therapiewahl einen höheren Lebensstandard gewährleisten.

Literatur

Ärztezeitung. (2010). *Ärzte genießen das höchste Vertrauen.* https://www.aerztezeitung.de/Politik/Aerzte-geniessen-das-hoechste-Vertrauen-340986.html. Zugegriffen am 25.08.2020.

Bundesärztekammer. (2019). *Behandlungsfehler-Statistik der Gutachterkommissionen und Schlichtungsstellen.* https://www.bundesaerztekammer.de/patienten/gutachterkommissionen-schlichtungsstellen/behandlungsfehlerstatistik/2019/. Zugegriffen am 25.08.2020.

Fußhoven, L. (2018). *Prozessoptimierung: Vorteile einer interdisziplinären Aufnahmestation.* https://www.aerzteblatt.de/pdf.asp?id=200452. Zugegriffen am 25.08.2020.

GKV Spitzenverband. (2020). *GKV-Kennzahlen – GKV-Spitzenverband.* von https://www.gkv-spitzenverband.de/gkv_spitzenverband/presse/zahlen_und_grafiken/gkv_kennzahlen/gkv_kennzahlen.jsp. Zugegriffen am 26.08.2020.

Homayounfar, K., Mey, D., Boos, M., Gaedcke, J., & Ghadimi, M. (2015). Kommunikation im Tumorboard. *Forum, 30*(3), 214–217. https://doi.org/10.1007/s12312-015-1301-9.

IKK classic. (2020). *(K)ein Schnitt zu viel: Unnötige Operationen häufen sich.* https://www.ikk-classic.de/gesund-machen/wissen/unnoetige-operationen-zweitmeinung. Zugegriffen am 22.08.2020.

Klug, K., & Braun, S. (2016). Einweisermanagement: Mehr Erfolg durch bessere Zusammenarbeit. *Deutsches Ärzteblatt,* 2–4. https://www.aerzteblatt.de/pdf.asp?id=175161. Zugegriffen am 22.08.2020.

Köbberling, J. (2013). *Diagnoseirrtum, Diagnosefehler, Befunderhebungsfehler.* Versicherungswirtschaft GmbH.

Osterloh, F. (2014). *Ärztliche Zweitmeinung: Hilfe oder Verunsicherung?* https://www.aerzteblatt.de/archiv/166960/Aerztliche-Zweitmeinung-Hilfe-oder-Verunsicherung. Zugegriffen am 24.08.2020.

Panten, J., & Niehaus, A. (2016). Zweitmeinung ja, aber bitte richtig. In V. Nürnberg (Hrsg.), *Die Ärztliche Zweitmeinung: Fehler, Vertrauen und Qualität in der Medizin* (S. 65–82). Wiesbaden: Springer Gabler.

Steinmetz, A., & Delank, K. S. (2017). Prinzipien der konservativen Therapie von Wirbelsäulenerkrankungen. In W. Börm, F. Meyer, V. Bullmann & C. Knop (Hrsg.), *Wirbelsäule interdisziplinär: Operative und konservative Therapie* (Bd. 1, S. 597). Stuttgart: Schattauer.

15

Nutzung des Zweitmeinungsverfahrens

Nachdem das Zweitmeinungsverfahren von allen Seiten beleuchtet wurde, stellt sich nun die Frage, ob Patienten ihr Recht auf Zweitmeinung tatsächlich wahrnehmen. Welche Patientengruppen nutzen das Angebot? Warum holen Patienten eine Zweitmeinung ein? Hat der Zweitmeiner die Diagnose bestätigt?

Hierzu wurden in den vergangenen Jahren Umfragen durchgeführt, die in diesem Kapitel kurz vorgestellt werden.

Im März 2019 wurde von der BARMER eine quantitative Bevölkerungsumfrage zur „Zweitmeinung bei planbaren Eingriffen" online durchgeführt. Insgesamt wurden 1000 Personen befragt, die in verschiedenen gesetzlichen sowie privaten Krankenkassen versichert waren.

Ca. zwei Drittel der Befragten gaben an, dass sie vor einem planbaren Eingriff eine Zweitmeinung einholen würden. Nur etwa ein Drittel verlässt sich auf die Meinung des Arztes, wenn dieser einen Eingriff für nötig erachtet. Die Gruppe der 40- bis 49-Jährigen ist am kritischsten, wenn es um die Durchführung von medizinischen Eingriffen geht. Bei der älteren Gruppe (50 Jahre +) steigt das Vertrauen in die Meinung des Arztes wieder. Einen wesentlichen Einfluss auf die Einholung der Zweitmeinung stellt das Einkommen dar – je höher dieses ausfällt, desto bedeutsamer ist

© Der/die Autor(en), exklusiv lizenziert durch Springer Fachmedien Wiesbaden GmbH, ein Teil von Springer Nature 2021
V. Nürnberg, M.-T. Meier, *Patientenrecht Zweitmeinung*,
https://doi.org/10.1007/978-3-658-14426-5_15

die Zweitmeinung. Ebenfalls zeichnet sich mit einem steigenden Bildungsniveau ein höheres Bedürfnis ab, eine Zweitmeinung einzuholen. Befragte, die bereits einen oder mehrere medizinische Eingriffe hinter sich hatten, hatten in 57 % der Fälle eine Zweitmeinung eingeholt. Die Gründe dafür waren: Unsicherheit in Bezug auf die Notwendigkeit des Eingriffs (56 %), unzureichende Informationen über alternative Behandlungsmöglichkeiten (30 %) und Unsicherheit in Bezug auf die gestellte Diagnose (30 %). 43 % der Befragten holten aus folgenden Gründen keine Zweitmeinung ein: keine Zweifel an der Notwendigkeit des Eingriffs (67 %), ausreichende Aufklärung durch den Arzt (55 %) und vorherige Aufklärung über den Eingriff im Internet (8 %).

Bei 72 % der Fälle hat der zweitmeinungsgebende Arzt die Diagnose bestätigt. Für die endgültige Entscheidung über die Therapie waren an erster Stelle die Abwägung zwischen Risiken des Eingriffs und persönlichem Nutzen (58 %), der Ruf der Klinik, in der der Eingriff stattfinden soll (33 %), sowie der Ruf des Zweitmeinungsarztes (20 %) ausschlaggebend.

2015 wurde eine telefonische Befragung von ca. 1000 gesetzlich Versicherten durch das Forsa-Institut im Auftrag der Techniker Krankenkasse durchgeführt. Das Ergebnis bekräftigt die Ergebnisse der BARMER Krankenkasse. 74 % würden eine Zweitmeinung einholen, sobald ihr Arzt eine Operation oder eine Untersuchung in der Klinik vorschlagen würde (Ärztezeitung 2020).

Die Asklepios-Gruppe stellte in ihren Online-Befragungen im Jahr 2014 fest, dass 52 % der 1000 Befragten bereits eine zweite ärztliche Meinung eingeholt hatten. 16 % würden im zukünftigen Krankheitsfall mit Sicherheit eine Zweitmeinung einholen, 37 % tun dies wahrscheinlich und 41 % würden eventuell eine Zweitmeinung einholen. Summa summarum würden 94 % der Deutschen zukünftig im Krankheitsfall eine zweite Meinung einholen oder dies zumindest erwägen (Garaedts und Kraska 2016, S. 2). Interessant ist hier eine Studie der Asklepios Kliniken aus dem Jahr 2015. 103 Ärzte wurden zum Zweitmeinungsverfahren befragt. 70 % der Mediziner raten dazu, sich die Zweitmeinung bei einem Klinikarzt einzuholen, da dieser das interne Expertennetzwerk nutzen kann. Im besten Fall hat der Klinikarzt schon einige ähnliche oder gleiche Operationen durchgeführt (Asklepios Kliniken 2015).

In einer kleineren Studie von Eder et al. wurde das Zweitmeinungsverfahren anhand der Befragung von 130 Probanden näher beleuchtet. Der häufigste Grund für das Einholen einer Zweitmeinung war hier das mangelnde Vertrauen zum Arzt. Auch unter den Befragten, die bereits eine Zweitmeinung eingeholt hatten, gaben 59 % (von insgesamt 64 Befragten) diesen Grund an. Bei 53 % stimmte die Erstmeinung nicht mit der Zweitmeinung überein. 44 % der Probanden, die bereits eine Zweitmeinung in Anspruch genommen hatten und bei denen die Erst- nicht mit der Zweitmeinung übereinstimmte, vertrauten dem Zweitmeiner mehr. Bei einer Übereinstimmung beider Meinungen kehrten 30 % wieder zum erstbehandelnden Arzt zurück. Bei der Umfrage gaben 50,3 % an, dass noch keine Zweitmeinung eingeholt worden war. Der häufigste Grund (45 %) hierfür war das Vertrauen zum erstbehandelnden Arzt. Wichtig zu betonen ist, dass alle Befragten die Option der Zweitmeinung in Zukunft nutzen würden (Eder et al. 2016, S. 32 f.).

Die geförderte Studie des Bundesministeriums für Bildung und Forschung (2016) stellte die Patienten, die sich bereits im Krankenhaus befanden, in den Fokus. In dieser Gruppe gaben lediglich 6 % der insgesamt 1925 Befragten an, vor dem Krankenhausaufenthalt eine zweite Meinung in Anspruch genommen zu haben. 5 % der befragten Patienten hätten sich eine vorherige zweite Meinung gewünscht. Die Frage, ob sie jemals vor einer ärztlichen Behandlung eine Zweitmeinung genutzt hätten, bejahten allerdings 26 % der Befragten (de Cruppé und Geraedts 2014).

Als wichtigster Faktor zeigte sich in einer Studie der Bertelsmann Stiftung der Gesundheitszustand der Befragten. Im Vergleich zu Versicherten, die ihren Gesundheitszustand als ausgezeichnet einschätzten, hatten diejenigen mit schlechtem Gesundheitszustand 13-mal öfter die Idee, eine Zweitmeinung einzuholen. In der gleichen Befragung gaben 83 % an, dass im Falle einer onkologischen Erkrankung eine Zweitmeinung sehr wichtig sei (Wallenfels 2015, S. 50). Auf den Rängen eins bis drei der Untersuchungen und Behandlungen, bei denen die Möglichkeit einer Zweitmeinung für wichtig erachtet wird, liegen demnach „medikamentöse Behandlungen gegen Krebs" (70 %), „Chemotherapie" (67 %) und „Strahlentherapie" (61 %). Hierauf folgen Operationen an Gelenken und Knochen (56 %) sowie an inneren Organen (56 %) (Geraedts und Kraska 2016, S. 3 f.).

Fazit

Die Diskrepanzen, die sich in den Studien erkennen lassen, können auf mehrere Faktoren zurückgeführt werden. Dabei können die Befragten sowie der Befragungsmodus für das Ergebnis ausschlaggebend sein. Die Online-Befragung bezieht beispielsweise nur die Bürger mit ein, die online-affin sind. Ebenso sind die Bildungsabschlüsse relevant. Wie die BARMER-Studie zeigte, holen besonders diejenigen eine Zweitmeinung ein, die einen höheren Bildungsabschluss besitzen. Bei der Online-Befragung der Asklepios-Gruppe verfügten 53 % über einen solchen Bildungsabschluss, während im Bundesdurchschnitt nur 29 % einen höheren Bildungsabschluss besitzen (Geraedts und Kraska 2016, S. 2). Der sozioökonomische Status, also Alter, Bildung und Geschlecht, sind im besonderen Maße zu berücksichtigen. Ebenso wichtig zu beachten ist die Einführung des Rechts auf Zweitmeinung im Jahr 2015. Infolgedessen könnte das Patientenrecht in früheren Studien den Befragten noch nicht geläufig gewesen sein.

Sieht man sich die Studie von Eder et al. an, die auf das Zweitmeinungsverfahren und die Gründe für das Nutzen der Zweitmeinung eingeht, wird der Stellenwert des Vertrauens zwischen Arzt und Patient deutlich. Durch die hohe Anzahl an Behandlungs- und Diagnosefehlern sowie das Hinzuziehen von Informationen aus dem Internet werden Patienten immer unsicherer und vertrauen den Ärzten häufig nicht mehr.

Die Ergebnisse der aktuelleren Befragungen können darauf hinweisen, dass sich die Thematik rund um die ärztliche Zweitmeinung durch die steigenden Operationszahlen immer mehr etabliert hat – sei es durch Familie, Freunde, Empfehlungen oder das Internet. Ebenso scheint es auch Korrelationen hinsichtlich der Erkrankungen und der damit verbundenen Nachfrage nach der ärztlichen Zweitmeinung zu geben. Besonders bei schwerwiegenden Erkrankungen mit schlechtem Gesundheitszustand (z. B. onkologischen Erkrankungen) wollen die Patienten eine zweite Meinung einholen.

Literatur

Ärztezeitung. (2020). *Zweitmeinung vor Klinik-Op gefragt.* https://www.aerzte-zeitung.de/Wirtschaft/Zweitmeinung-vor-Klinik-Op-gefragt-249746.html. Zugegriffen am 28.08.2020.

Asklepios Kliniken Hamburg. (2015). *Studie: Über 70 Prozent der Ärzte raten zum Zweitmeinungsverfahren in einer Klinik [Pressemeldung].* https://www.asklepios.com/presse/presse-mitteilungen/konzernmeldungen/studie-ueber-70-prozent-der-aerzte-raten-zum-zweitmeinungsverfahren-in-einer-kl inik%7Eref=eb4b30af-4bd6-4365-9b67-31baebfb4962%7E. Zugegriffen am 28.08.2020.

De Cruppé, W., & Geraedts, M. (2014). *Abschlussbericht Krankenhauswahlver-halten chronisch Kranker.* www.forschung-patientenorientierung.de/files/ab-schlussbericht_geraedts_krankenhauswahlverhalten-bmbf-01gx1047.pdf. Zugegriffffen am 28.08.2020.

Eder, K., Gutmann, L., & Nürnberg, V. (2016). Die ärztliche Zweitmeinung im deutschen Gesundheitssystem – Betrachtung der gesetzlichen und privaten. In V. Nürnberg (Hrsg.), *Die ärztliche Zweitmeinung: Fehler, Vertrauen und Qualität in der Medizin* (1. Aufl., S. 21–40). Wiesbaden: Springer Gabler.

Garaedts, M., & Kraska, R. (2016). Zweitmeinungen: Inanspruchnahme und Nachfrage aus Sicht der Bevölkerung. *Gesundheitsmonitor, 1,* 2–9.

Wallenfels, M. (2015). Noch drängen Patienten nicht auf die ärztliche Zweitmeinung. *hautnah dermatologie, 31*(2), 55. https://doi.org/10.1007/s15012-015-1802-3.

16

Fazit und Ausblick

Ist die empfohlene Operation bzw. Therapie wirklich notwendig? Gibt es nicht andere Behandlungsmöglichkeiten? Fragen, die im Rahmen des Zweitmeinungsverfahrens durchaus geklärt werden können. Im Fokus sollten dabei stets die persönlichen Präferenzen sowie der Krankheitsverlauf des Patienten stehen, um die individuell bestmögliche Therapie zu ermöglichen. Betrachtet man das Thema „Ärztliche Zweitmeinung" allumfassend, lassen sich folgende wichtige Punkte nennen.

Ein Zweitmeinungsverfahren ist nicht immer notwendig. Dennoch kann es, z. B. bei komplexen Erkrankungen oder mengenanfälligen Eingriffen, als wertvolle Hilfe für den Patienten dienen. Grundsätzlich ist zwischen dem Recht auf Zweitmeinung und dem Recht auf freie Arztwahl zu unterscheiden.

Das Recht auf freie Arztwahl kann zunächst jeder Versicherte in Anspruch nehmen – auch bei der Wahl des Zweitmeiners. Dennoch ist das Recht auf Zweitmeinung, das gesetzlich in § 27b SGB V verankert ist, ein strukturiertes Verfahren, das bestimmte Aufgaben und Anforderungen an den erstbehandelnden sowie den zweitmeinungsgebenden Arzt stellt. Ein Problem ist, dass diese Richtlinien derzeit lediglich für drei Eingriffe (Mandel-OP, Gebärmutterentfernung, Schulterarthroskopie) verbind-

V. Nürnberg, M.-T. Meier, *Patientenrecht Zweitmeinung*, https://doi.org/10.1007/978-3-658-14426-5_16

lich sind. Nur bei diesen Indikationen kann durch die Anforderungen an den Zweitmeiner eine unabhängige Meinung garantiert werden. Finanzielle Interessen am Eingriff oder an der Behandlung können somit ausgeschlossen werden. Zudem ist die Qualität der Zweitmeinung durch die definierten Anforderungen äußerst hoch. Dies kann bei anderen medizinischen Eingriffen oder Behandlungen wiederum nicht gewährleistet werden. Doch was ist mit den medizinischen Eingriffen – etwa am Bewegungsapparat oder am Herzen –, deren Zahlen ebenso drastisch angestiegen sind? Wieso stellt der Gesetzgeber nicht auch hier ein spezielles Zweitmeinungsverfahren zur Verfügung? Und aus welchem Grund sind beispielsweise keine onkologischen Erkrankungen im Zweitmeinungsverfahren implementiert? Gerade Patienten mit einer komplexen Erkrankung und mehreren Behandlungsalternativen stehen vor einer schweren Entscheidung, wenn es um die optimale Behandlung geht. Dies wird durch die Studien bekräftigt, welche zu dem Ergebnis kommen, dass besonders Patienten mit einem schlechten Gesundheitszustand eine Zweitmeinung wünschen.

Bei Indikationen außerhalb der Richtlinien übernehmen zwar viele Krankenkassen die Kosten für die Zweitmeinung, doch durch die fehlenden Anforderungen an die Zweitmeiner gestaltet sich die Suche für den Patienten schwieriger. In diesem Rahmen sind Zweitmeinungsportale hervorzuheben, die zwar einfach, schnell und ortsunabhängig eine ärztliche Zweitmeinung anbieten, doch eine „Unabhängigkeit" der Zweitmeiner durch Kooperationen mit bestimmten Ärzten nicht immer garantieren können.

Begrüßenswert wäre es, wenn das Zweitmeinungsverfahren durch (Mindest-)Kriterien an die Zweitmeiner (auch an Zweitmeinungsportale) einheitlich – und nicht nur bei drei Indikationen – geregelt werden würde. Dabei sollten die Richtlinien des G-BA für Zweitmeinungen um weitere komplexe Erkrankungen sowie mengenanfällige Eingriffe ergänzt und geltend gemacht werden.

In diesem Zuge ist es erfreulich, dass bereits viele Krankenkassen neben den Kooperationen mit Zweitmeinungsportalen auch mit speziellen Kliniken und Ärzten zusammenarbeiten. So haben Patienten mit schwierigen Krankheitsbildern die Möglichkeit, die Zweitmeinung z. B. bei einem interdisziplinären medizinischen Team einzuholen. Die fachübergreifende Zusammenarbeit ermöglicht dabei eine ganzheitliche Betrachtung der Erkrankung oder der empfohlenen Therapie. Durch den kollegialen Austausch kann gleichzeitig mehr Wissen in die Beurteilung einer bestimmten Therapie oder Operation einfließen. Ein interdisziplinäres Team sollte einerseits von Ärzten, v. a. bei komplexen Erkrankungen, die nicht zum Berufsalltag gehören, und andererseits von Patienten, die dadurch in keine Versorgungslücke geraten, vermehrt genutzt werden.

Unsicherheit über mögliche Behandlungsalternativen stehen im Rahmen der Zweitmeinung oft im Fokus. Diese Unsicherheit der Patienten wird v. a. durch die vorherige Information im Internet, die steigenden diagnostischen und therapeutischen Möglichkeiten sowie durch ein unbefriedigendes Erstgespräch mit dem Arzt vergrößert. Eine gelingende Arzt-Patienten-Kommunikation nach dem Modell des „Shared Decision Making" kann dem Patienten mehr Sicherheit geben und gleichzeitig das Vertrauen zwischen Patient und Arzt verstärken. Authentizität, Empathie und für den Patienten verständliche Informationen sind hier wichtige Faktoren, um eine solche Kommunikation zu ermöglichen. Am Ende sollte dabei immer eine gemeinsame Therapieentscheidung stehen. Werden diese Punkte erfüllt, steigt die Patientencompliance, welche sich positiv auf den Therapieerfolg auswirken kann. Vertraut der Patient seinem Arzt nicht, kann die Entscheidung für eine Zweitmeinung bekräftigt werden.

Ein wesentlicher Punkt für die Einführung der ärztlichen Zweitmeinung sind die drastisch ansteigenden Operationszahlen. Hinterfragt man den Grund für die hohen Operationszahlen, lassen sich zwei Faktoren dafür identifizieren. Zum einen sind es teilweise Eingriffe mit breitem Indikationsspektrum, die auffällig häufig durchgeführt werden. Leitlinien bzw. Empfehlungen von den Fachgesellschaften verschiedener medizinischer Bereiche für bestimmte Eingriffe können sich auf die Operationszahlen positiv auswirken. So können zumindest die operativen Eingriffe, die aus Unwissenheit über andere Behandlungsalternativen durchgeführt werden, vermieden werden.

Zum anderen sind es v. a. die finanziellen Aspekte, die die Durchführung solcher Operationen für die Kliniken lohnenswert machen. Besonders interessant ist der rasante Anstieg von Hüft- und Kniegelenkoperationen seit Einführung der DRGs. Patienten trugen plötzlich unsichtbare Preisschilder. Dabei gilt: Je aufwändiger das Krankheitsbild ist, desto lukrativer das Geschäft. Operationen über Operationen, die teilweise ohne eindeutige Indikation durchgeführt werden.

Letztendlich tragen Fallpauschalen, Zielvereinbarungen bzw. Boni, Kostendruck und Mindestregelungen eine große Schuld an den steigenden Operationszahlen. Darüber hinaus werden konservative Therapien zu wenig vergütet und der Arzt hat zu wenig Zeit für das Gespräch mit dem Patienten. Letzten Endes sind dies alles Probleme, die durch die Gesundheitspolitik verursacht worden sind und die sich nicht nur auf die Operationszahlen, sondern auch auf den Klinikalltag negativ auswirken. Hier besteht definitiv Handlungsbedarf.

An dieser Stelle wird empfohlen, weitere Studien durchzuführen, die den Einfluss des Zweitmeinungsverfahrens auf die Operationszahlen untersuchen. Hierzu müsste sich das Zweitmeinungsverfahren mehr etablieren und durch den Gesetzgeber anhand weiterer Eingriffe ergänzt werden. Weiterhin wäre es interessant zu wissen, wie genau sich die Einholung einer Zweitmeinung im Laufe der Jahre verändert hat. Was ist den Patienten wichtig? Wieso holen sie eine Zweitmeinung ein? Eine repräsentative Umfrage, deren Ergebnisse nicht auf einer Online-Befragung basieren, wurde bis dato (August 2020) nicht durchgeführt.

Generell sind durch das Recht auf Zweitmeinung die sog. „mengenanfälligen Eingriffe" ins Zentrum der Aufmerksamkeit gerückt. Ein Ansatzpunkt, der besonders für die Betroffenen als positiv zu betrachten ist, jedoch noch ausgebaut werden kann – sei es durch gesundheitspolitische Maßnahmen, durch Ärzte, die besonders bei komplexen Krankheitsbildern im Team zusammenarbeiten, oder durch die Patienten, die gezielt von ihrem Recht Gebrauch machen sollen.

17

Interview mit Prof. Dr. Jochen A. Werner

Der promovierte und habilitierte HNO-Facharzt Prof. Dr. Jochen A. Werner ist seit vielen Jahren in deutschen Kliniken tätig. Werner war u. a. leitender Oberarzt der Kieler Univ.-HNO-Klinik, Studiendekan der Medizinischen Fakultät Marburg, Ärztlicher Direktor des Marburger Universitätsklinikums in Marburg und Ärztlicher Geschäftsführer der Universitätskliniken Gießen und Marburg. Seit dem 1. Oktober 2015 ist Werner Ärztlicher Direktor und Vorstandsvorsitzender der Universitätsmedizin Essen.

In seiner Funktion als Ärztlicher Direktor und Vorstandsvorsitzender setzt er sich für die Digitalisierung in der Medizin ein. So nimmt Werner sich zur Aufgabe, die Essener Universitätsmedizin mit ihrem Universitätsklinikum und mehreren Tochter- bzw. Enkelunternehmen in ein „Smart Hospital" umzuwandeln. Als „Medical Influencer" hat er gemeinsam mit Prof. Dr. David Matusiewicz den YouTube-Kanal „DigiHealth Talk" aufgebaut sowie im Kontext der Corona-Pandemie den Podcast „Diagnose Zukunft mit einem Corona-Special" entwickelt.

Bezüglich der ärztlichen Zweitmeinung konnte Prof. Dr. Werner durch seine langjährige Tätigkeit als Mediziner und Wissenschaftler einige Erfahrungen sammeln.

© Der/die Autor(en), exklusiv lizenziert durch Springer Fachmedien Wiesbaden GmbH, ein Teil von Springer Nature 2021
V. Nürnberg, M.-T. Meier, *Patientenrecht Zweitmeinung*,
https://doi.org/10.1007/978-3-658-14426-5_17

Was ist Ihre Meinung zur ärztlichen Zweitmeinung?

Ärztliche Zweitmeinung ist ein wichtiges Instrument, um Indikationen und Behandlungen zu hinterfragen. Die Einholung einer solchen ärztlichen Zweitmeinung ist absolut in Ordnung und zulässig. Sie gibt dem Patienten mehr Sicherheit. Niemand ist in seiner Entscheidungsfindung fehlerfrei, auch Ärzte nicht, wobei eine andere Zweitmeinung natürlich nicht bedeutet, dass die Erstmeinung fehlerbehaftet war, es könnte umgekehrt sein, es könnte auch zwei richtige Meinungen geben, mit unterschiedlicher Abwägung der Konstellation. Überhaupt gibt es in der Medizin vielfach nicht die einzige und unumstößliche Wahrheit, wie es uns auch SARS-CoV-2 vor Augen geführt hat.

Welche Erfahrungen haben Sie mit der ärztlichen Zweitmeinung gemacht?

Bezogen auf meine Patienten hat mich das als Arzt weder verunsichert noch belastet, auch ich habe Fehler bei Indikationen gemacht. Darüber hinaus habe ich selbst bei sehr komplexen Situationen Patienten dazu geraten, eine Zweitmeinung einzuholen. Dies stärkte das Vertrauen nachhaltig.

Ab wann ist eine ärztliche Zweitmeinung sinnvoll?

In meinen Augen sollten Patienten diesen Schritt gehen, wenn ihnen, mitunter auch den Angehörigen, Zweifel zum weiteren Vorgehen kommen oder auch, wenn es sich um relevantere Eingriffe oder allgemeiner ausgedrückt um Behandlungsmaßnahmen umfänglicher Komplexität handelt. Natürlich divergiert dies von Fall zu Fall.

Wo sehen Sie die Grenzen einer ärztlichen Zweitmeinung?

Zweitmeinungen rein nach Aktenlage vorzunehmen, auf der Basis nur eines Befundes, wie beispielsweise eines Röntgenbildes, kann unzureichend sein. Es gibt viele Entscheidungsparameter, die heutzutage noch nicht mittels digitaler Technologie abprüfbar sind. Hier gehört nicht selten auch ein persönliches Gespräch zur Entscheidungsfindung.

Lässt sich der Anstieg der Operationen mit dem finanziellen Nutzen mancher Eingriffe erklären?

Zunächst gehen wir doch bitte einmal davon aus, dass sich jede Operationsindikation nur auf die Belange des Patienten und nicht auf finanzielle Ziele unterschiedlichster Art ausrichtet. Wäre das nicht der

Fall, gäbe es mehr als nur ein ethisches Problem. Die medicolegale Untersuchung wäre angestoßen. An meiner Antwort ersehen Sie, dass wir uns hier in einem hochbrisanten Themenfeld befinden.

Kann eine Zweitmeinung den Anstieg der Operationen verhindern?

Es kann tatsächlich zur Reduktion von Operationen kommen, wobei hiermit nicht gleichzusetzen ist, dass eine vermiedene Operation für den Patienten immer die bessere Lösung ist.

Welche digitalen Chancen hat das Zweitmeinungsverfahren?

Ich sehe eine Chance vor allem in der Vorselektion und Überprüfung auf Plausibilität bei der Entscheidungsfindung.

Was halten Sie von Zweitmeinungsportalen?

Zweitmeinungsportale können als wertvolle Entscheidungshilfen zur bestmöglichen Versorgung der Patienten beitragen. Wie ich zuvor sagte, gibt es eine Reihe von Fallkonstellationen, dazu braucht man eine Mensch-zu-Mensch-Interaktion, in persönlicher Atmosphäre und mit ausreichender Tiefe. Das vom NRW-Gesundheitsminister Karl-Josef Laumann angestoßene Projekt Virtuelles Krankenhaus sieht Arzt-Arzt-Gespräche, also die Expertendiskussion, in Gegenwart des Patienten vor, ein Ansatz, der Vertrauen und Aufklärung schafft.

Ist eine digitale Form der Zweitmeinung sinnvoll? Fehlt hier nicht der persönliche Kontakt zum Patienten?

Rein digitale Zweitmeinungen können dazu beitragen, Klarheit zu schaffen, sicherlich allerdings nur in einem begrenzten Segment von Fallkonstellationen. Für viele andere sind persönliche Kontakte sinnvoll. Ganz besonders, wenn es um Vertrauensbildung geht.

Wie sieht eine optimale Versorgung des Patienten in der (digitalen) Zukunft aus?

Die Diagnostik wird durch die Digitalisierung immer besser. Damit reduziert sich die Anzahl an Fehldiagnosen. Bei korrekter Diagnose wiederum ist die Indikationsstellung zur besten Therapie erleichtert. Eine falsche Diagnose führt nur selten zur richtigen Therapie. Der Einsatz von Algorithmen kann dazu beitragen, die Sinnhaftigkeit zum besten Vorgehen zu überprüfen. Die Vorstellung jedoch, dass all dies quer über alle Krankheitsbilder ohne ärztliche Beteiligung, besser ärztliche Regie, abläuft, ist aktuell noch in weiter Ferne.

Printed in the United States
by Baker & Taylor Publisher Services